跟著球評
看世足

骨灰粉都不一定
知道的足球史

世界盃、歐洲賽事、中國足球的組織問題
足球大咖、明星教練、頂級俱樂部的恩怨情仇與傳奇
看懂足球的足球專家──駱明直播台前幕後各種精彩

駱明 著

崧燁文化

跟著球評看世足：骨灰粉都不一定知道的足球史
目錄

目錄

「骨灰級」球迷需要知道的若干段子

- 10 個「骨灰級」德國粉 [1] 也不知道的段子 ⋯⋯ 8
- 10 個「骨灰級」阿根廷粉也不知道的段子 ⋯⋯ 12
- 10 個「骨灰級」荷蘭粉也不知道的段子 ⋯⋯ 15
- 10 個「骨灰級」巴西粉也不知道的段子 ⋯⋯ 19
- 10 個「骨灰級」英格蘭粉也不知道的段子 ⋯⋯ 23
- 10 個「骨灰級」西班牙粉也不知道的段子 ⋯⋯ 27
- 10 個「骨灰級」義大利粉也不知道的段子 ⋯⋯ 31
- 10 個「骨灰級」法國粉也不知道的段子 ⋯⋯ 35

梅西、C 羅與金球獎

- 梅西當球王需要世界盃嗎？ ⋯⋯ 42
- 爭論也是一種肯定 ⋯⋯ 45
- 程序決定民主優劣 ⋯⋯ 48
- 「專業人士」的不專業投票 ⋯⋯ 51
- 足球最好的時代，至少是「之一」 ⋯⋯ 54
- 世界盃，梅西還有兩次機會 ⋯⋯ 57
- 金球獎大戰，C 羅復刻 2010 梅西 ⋯⋯ 60
- 「門衛」的好運 ⋯⋯ 62
- C 羅敲門了，梅西的壓力大嗎？ ⋯⋯ 65
- 是誰製造了金球爭議？ ⋯⋯ 69

名將與名帥

- 大羅，最偉大 9 號的 9 個片段 ⋯⋯ 74
- 名帥當擇良木而棲 ⋯⋯ 77
- 歐文早衰，足球的失敗 ⋯⋯ 80
- 史前時代的落幕 ⋯⋯ 83

跟著球評看世足：骨灰粉都不一定知道的足球史
目錄

獨一無二的小貝 86
貝克漢「投對了胎」 89
瓜迪歐拉的自我「背叛」 92
比利真的是「烏鴉嘴」嗎？ 95
伊涅斯塔成敗暗合席丹 98
范加爾栽樹，自己乘涼 101
迪斯蒂法諾有多偉大？ 103
溫格該怎麼「下課」？ 105

歐洲賽事與世界盃

誰能阻止巴薩？ 110
如果球隊沒有教練 113
鷹眼 PK 人眼 116
歐足聯何苦強求「財政公平」 119
讓改變發生 122
米蘭之家 125
那些「坑了」義大利隊的記者們 128
米蘭「雙熊」，學學馬競！ 131
皇馬第 10 冠，非銀河戰艦式勝利 134
從破產到升超，7 年的童話 136
五大聯賽有哪些俱樂部可以複製馬競的成功？ 140
世界盃，全球的「春晚」 145
客場進球制豈可取消！ 147
卡達，上佳東道主 149
布拉特真有那麼壞嗎？ 152

中國足球

三大球──國家可以下一盤很大的棋 156
中國足球＝中國社會？ 158

4

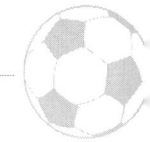

中國足球不行非因足球人口少 161
從「土豪」到豪門有多遠？ 164
隔行如隔山 167
假不可怕，怕不打假 170
庫卡的「世界第九」怎麼來的？ 172
大家滿嘴「假球」褻瀆世界盃 175
運動吧，即使它傷了你的身 176
收入少青訓無，老闆一垮自然完蛋 179
萬一佩蘭失敗了呢？ 181
勿汙名化中超裁判 184
撰稿人 187

跟著球評看世足：骨灰粉都不一定知道的足球史
目錄

「骨灰級」球迷需要知道的若干段子

跟著球評看世足：骨灰粉都不一定知道的足球史

「骨灰級」球迷需要知道的若干段子

10個「骨灰級」德國粉[1]也不知道的段子

文／王恕

　　德國隊是地球上最成功的國家足球隊之一，四奪世界盃冠軍，從1954年開始，就從未缺席過世界盃決賽階段比賽。而德國也是世界上唯一一個男足和女足都奪得過世界盃和歐洲盃冠軍的國家……。

　　1.1934年世界盃四強決賽，德國隊以2：1戰勝瑞典隊，順利晉級四強，但是賽前球隊卻發生了一些小動盪。來自法蘭克福的皮具商後衛格拉姆里希被他的猶太人僱主勒令必須在半決賽前趕回家，而巴伐利亞後衛哈靈格也因「病」離開，據說他的病因是「缺少啤酒」，而此前哈靈格已經違規，這是被主教練內爾茨明令禁止的。

　　2.1938年世界盃是籠罩在二戰陰影下的一屆盃賽，「第三帝國」德國吞併了奧地利，希特勒逼迫已獲得世界盃參賽資格的奧地利隊退賽，並與德國組成聯隊參加世界盃。按照元首希特勒的指示，德奧聯隊每次比賽時，必須有5～6名奧地利球員出場，但是奧地利最出色的球員辛德拉爾卻拒絕代表德奧聯隊出征。1939年1月29日，辛德拉爾的屍體在其公寓中被發現，官方給出的死因是一氧化碳中毒。

　　3.1954年世界盃小組賽第二輪，德國隊3：8被匈牙利隊橫掃，賽後德國隊主教練赫爾貝格收到雪片般飛來的來信，絕大多數都是表達對此戰主帥排兵布陣的不滿。赫爾貝格後來說，奪冠後，他把這些信按照原地址又寄給了寄信人，只不過在信中加上了自己的簽名。

　　4.1954年世界盃決賽，德國隊2：1戰勝強大的匈牙利隊，首次捧得世界盃。有一個關鍵先生被很多人忽略，他就是教練席上與主帥赫爾貝格坐在一起的那個男子阿迪・達斯勒，adidas的創始人。本屆世界盃，阿迪・達斯勒為球隊帶來了一項祕密武器，一種可以根據地面的軟硬和乾溼程度來更換鞋釘的球鞋。新式球鞋幫助日耳曼戰車在午後的大雨中上演「伯恩奇蹟」。此後，adidas便一直是德國隊的主贊助商，合約已經簽到2018年。Nike曾

8

10 個「骨灰級」德國粉 [1] 也不知道的段子

於 2007 年開價 5 億歐元要求贊助 8 年，價格是 adidas 現合約的 6 倍，但德國足協不為所動。

5. 弗里茨‧瓦爾特是「伯恩奇蹟」的代表人物，被認為是德國足球歷史上首位傳奇巨星及領袖人物。德國歷史學家菲斯特曾經提出三個「聯邦德國框架之父」，正是他們為二戰後聯邦德國的發展提供了堅實的基礎，分別是二戰後聯邦德國首任總理艾德諾，政治和經濟學家艾哈德——曾任經濟和勞動部長並在 1963 成為德國總理，弗里茨‧瓦爾特。由此可見 1954 年世界盃奪冠對振奮德意志精神的作用。但你知道嗎？弗里茨還有兩個弟弟——路德維希‧瓦爾特和奧特瑪‧瓦爾特。兄弟三人都曾代表開瑟斯勞騰參加過比賽，奧特瑪更是與弗里茨並肩征戰 1954 年世界盃，是奪冠的主力，譜寫了德國足球一段兄弟捧盃的佳話。1940 年二戰時，弗里茨曾被徵召入伍，作為一名步兵被分配到法國戰區，期間他在士兵中組織球隊繼續踢球，後來成為蘇聯的戰俘。在羅馬尼亞戰俘營的一場比賽中，他得到了現場觀戰的蘇聯指揮官舒科夫的賞識，此後舒科夫一直保護著弗里茨和他的弟弟路德維希，使得兄弟兩人能在 1945 年 10 月重返開瑟斯勞騰。

6.1972 年德國隊獲得歐洲盃冠軍，這是繼 1954 年世界盃後，德國足球的又一個大賽冠軍。但是在當年的「聯邦德國年度最佳球隊評選」中，他們卻輸給了奪得 1972 年慕尼黑奧運會金牌的聯邦德國男子曲棍球隊，這被認為是「球隊在 1972 年所遭遇的最慘痛失利」。

7.「我們的最終報價是 7.5 萬馬克」。

「不可能超過 7 萬馬克」。

這可不是菜市場討價還價，而是決定貝肯鮑爾和他的隊友們會不會去參加 1974 年世界盃的關鍵一夜。聯邦德國足協此前從未討論過奪冠獎金的問題，因為他們認為球員為國征戰是天經地義的事。但是，當球員們瞭解到，義大利人的奪冠獎金是 12 萬馬克，荷蘭人則是 10 萬馬克時，他們爆發了。足協最後妥協，稱如果能奪冠，將獎勵每人 3 萬馬克，球員還價到 10 萬馬克，隨後足協提升到 5 萬馬克，球員繼續還價 7.5 萬馬克，依然有 2.5 萬馬克的差價無法彌補，於是便出現了前面提到的聯盟德國足協主席紐貝格和國家隊

跟著球評看世足：骨灰粉都不一定知道的足球史

「骨灰級」球迷需要知道的若干段子

隊長貝肯鮑爾之間的那一番對話。最後，貝肯鮑爾將 7 萬馬克的報價告訴了隊友，並建議投票決定是否參賽，結果是 11 對 11。此時，貝肯鮑爾站了出來，請求隊友接受這個價錢，經過一段時間的沉默後，所有人都表示支持隊長的決定……。然後，就有了第二個世界盃冠軍……。

8. 德國隊第二度舉起世界盃時，在小城哈瑙，一個 15 歲的孩子含著熱淚看完了這一幕。當老師讓自己的學生在一張紙上寫下自己將來想做什麼的時候，這個孩子寫道：「我要成為聯邦德國隊國腳，我要成為世界冠軍。」這個孩子就是佛勒，16 年後，他實現了當年的夢想。

9. 1982 年世界盃半決賽，聯邦德國隊遭遇法國隊，這是世界足球經典戰役之一。兩隊在 120 分鐘內打入 6 球，也成為世界盃歷史上首場需要 PK 戰才能決定勝利者的比賽。上半場，法國隊的巴蒂斯頓被聯邦德國隊門將舒馬赫惡意撞翻，當即昏迷不醒，「連脈搏都沒有了」（法國隊隊長普拉蒂尼語），而肇事者卻一副事不關己的樣子。巴蒂斯頓隨即被送往醫院，醫生發現他門牙脫落。聽到這個消息後，「壞小子」舒馬赫的第一反應居然是：「都是職業球員，沒什麼大不了的，補牙的錢我來出。」事後，法國媒體做了一個「你最討厭的德國人」的調查，偉大的舒馬赫先生毫無疑義地當選第一名，將希特勒都擠到了次席。

10. 2004 年歐洲盃德國隊小組賽時即遭淘汰，不但沒有出線，甚至沒有一場勝利。隨後，德國隊主帥佛勒向足協提交辭呈，他的理由很簡單，離 2006 年德國世界盃只有兩年時間了，自己沒有能力再進一步提高球隊水準，希望留給新帥足夠多的時間，以面對接下來的本土世界盃。佛勒離開後，德國足協陷入了漫長的選帥，希斯菲爾德、道姆、雷哈格爾、海因克斯、希丁克等名帥相繼拒絕邀請，足協甚至破天荒地宣布成立選帥小組，由貝肯鮑爾、職業聯盟負責人哈克曼、足協祕書長施密特和沃菲爾德四人負責。德國最有影響力的雜誌《明鏡週刊》甚至刊登了這麼一段話：「您是不是一直想為自己的祖國做點什麼？拯救德國足球？那麼，請把您的求職申請寄德國足協吧，時間緊迫！」

(參考書籍:《世界盃冠軍志之四冠德國全紀錄》,體壇傳媒編著,執筆記者:王恕,西南財經大學出版社)

跟著球評看世足：骨灰粉都不一定知道的足球史

「骨灰級」球迷需要知道的若干段子

10 個「骨灰級」阿根廷粉也不知道的段子

文／程征

　　阿根廷國家男子足球隊，世界足壇最能點燃激情與淚水的球隊，有著超豪華陣容和一大批巨星，它也承載了太多悲情的故事。正猶如這個國家的精神象徵切‧格瓦拉一樣，阿根廷奪冠之路如此崎嶇，一批又一批的潘帕斯雄鷹飲恨足球場……。

　　1. 1867 年 6 月 20 日，南美洲有記載的第一場正式足球比賽就出現在「白銀之國」阿根廷。一對名叫霍格的兄弟組建了一家俱樂部，並在《旗幟報》上刊登出比賽通知，號召有意願者報名參加。比賽之後，《旗幟報》對此進行了連續三天的報導，這也成為考證的根據。不過，比賽當天，每隊上場隊員卻只有 8 人，因為有幾位球員對穿著短褲在女士面前奔跑心存疑慮，面子上過不去，最終放棄。

　　2. 1978 年世界盃，阿根廷隊在本土奪冠。隊中 10 號肯佩斯發揮出色，居功至偉，隨即成為民族英雄。但在他年少時還有這樣一個趣事：1971 年，17 歲的肯佩斯得到了一次去科爾多瓦學院俱樂部試訓的機會。招生的教練羅德里格斯讓所有少年自報家門和喜歡打的位置。「我姓阿吉雷拉，來自貝爾比勒。」輪到肯佩斯時，他撒了謊。教練問道：「你認不認識一個姓肯佩斯的少年？他也住在你們那裡，聽說他球踢得非常好。有人發了瘋一樣推薦他，認為他是個天才。」「不，先生，我不認識他。」肯佩斯決定撒謊到底，因為他聽說這位教練從來不聽別人的推薦，只相信自己的眼睛。幸運的是在測試賽中，肯佩斯在 15 分鐘內打進 2 球，被錄取了。教練才知道，眼前這個少年就是「名聲在外」的肯佩斯。

　　3. 馬拉度納小時候便展現了驚人的天賦。1969 年，一位名叫科內霍的教練組織了一支小球隊，名叫「小洋蔥頭隊」，全隊都是 12～13 歲的球員。而馬拉度納在隊中年齡最小，只有 9 歲。但在隨後幾年的比賽中，「小洋蔥頭隊」在馬拉度納的帶領下，書寫了 136 場不敗的紀錄，轟動一時。1971 年 9 月 28 日，小馬拉度納的照片被刊登在阿根廷第一大報《號角報》上。阿根

廷青年人隊對他大加讚賞，請他在甲級聯賽中場休息時上場表演。他的表演也吸引了電視臺的注意，後來一檔名為「旋轉星期六」的節目把他請上螢幕。這是當時收視率最高的節目。

4.阿根廷現代史上有四大傳奇人物，馬拉度納是其中之一。但人無完人，他被牽扯進多起司法事件，這也是其傳奇人生的重要組成部分。除了1991年的吸毒事件以及1994年的用氣槍襲擊記者事件外，就是私生子案與欠稅案。老馬可謂球場得意，情場也風流，媒體上曝光的並對球王提起撫養訴訟的私生子案件就有三起。老馬在回應時也頗有性格：「接受不等於認下。過去的錯誤我在用金錢支付。法官要求我出錢，但是不能讓我接受對他們的愛。」出來混遲早要還，老馬年輕時犯下的錯，報應算是落到女兒頭上了：阿奎羅與詹妮娜當年的金童玉女之戀被傳為佳話，但遭遇第三者介入後，轉眼已勞燕分飛了。

5.巴薩里拉是阿根廷足球歷史上一個性格球星。作為隊長，他奪得了1978年世界盃，到1986年阿根廷再次奪冠，他仍是冠軍隊成員。1989年在河床退役後，1994年拿起國家隊的教鞭。由於性格過於強勢，他與媒體關係長期不和。在法國世界盃上，還勒令球員剪去長髮，雷東多因此與他不和，拒絕參加比賽。此後，他在教練的崗位上沉沉浮浮。2009年12月，他在河床俱樂部的競選中勝出，坐上了主席的寶座。

6.阿迪列斯是1978年阿根廷冠軍隊主力中場，是肯佩斯的同鄉以及國家隊好搭檔。退役後阿迪列斯開始了教練生涯，先後執教過熱刺、墨西哥瓜達拉哈拉、薩格勒布克羅埃西亞人、阿根廷競技、颶風以及日本幾家俱樂部。1981年，還是球員的阿迪列斯和貝利、史特龍等人一同參演了美國著名影片《勝利大逃亡》，此片被稱為有史以來最偉大的足球電影。

7.巴爾達諾是1986年世界盃阿根廷冠軍隊的主力前鋒，後來在西班牙當教練，先後執教過特內里費、皇家馬德里（簡稱皇馬）和瓦倫西亞，並擔任過皇馬的總經理。作為球員，巴爾達諾無疑是成功的，但你知道嗎，他的文筆也為人稱道，迄今為止共有5本著作出版，其中包括《足球之夢》、《足球故事》等。而且，他還經常為媒體撰寫專欄，持續了多年。

跟著球評看世足：骨灰粉都不一定知道的足球史

「骨灰級」球迷需要知道的若干段子

8. 比拉爾多作為 1986 年世界盃冠軍隊主帥，也是逆阿根廷足球傳統的戰術大師。他憑藉實用主義和注重防守的足球哲學，在阿根廷足壇自成一派。他 1938 年出生，少年時期邊踢球邊上學，後來成為了職業球員和婦科醫生！

9. 有這麼一個悲情阿根廷球員：10 個月大時，自己不慎跌入開水中，從耳朵、脖子到前胸留下一條巨大傷疤，從此破相。隨後，他的父親在一次黑社會巷戰中中彈死亡，母親因種種生活不幸變得精神恍惚，無法撫養孩子，只得把他交由好心的鄰居收養。他的一個弟弟在 2006 年因非法攜帶槍枝彈藥而惹上官司，另一個弟弟 2010 年在機場盜竊車輛被判刑 16 年……。他是特維斯。

10. 馬斯切拉諾代表阿根廷拿過 2004、2008 兩屆奧運會足球金牌，是 2008～2011 年間的阿根廷國家隊隊長，他也是世界足球史上極其罕見的先進入國家隊而後成為職業球員的人。2003 年 7 月 16 日，19 歲的馬斯切拉諾代表國家隊參加了與烏拉圭的一場友誼賽，15 天後才在河床隊登上阿根廷甲級聯賽的賽場。

（參考書籍：《世界盃冠軍志之阿根廷》，體壇傳媒編著，執筆記者：程征，西南財經大學出版社）

10個「骨灰級」荷蘭粉也不知道的段子

文／夜雕

　　明快的橙衣、性感的踢法，荷蘭隊擁有吸引球迷的「天生麗質」。縱然2010年世界盃范馬爾維克的荷蘭隊和2014年范加爾的荷蘭隊不夠「風騷」，但這只是相對荷蘭隊自己的高標準而言。雖然荷蘭隊從未奪得世界盃冠軍，但「橙迷」不用低聲下氣，因為即使是其他國家隊的球迷，對荷蘭隊也是有好感的居多。

　　1.1974年決賽前一天，德國《圖片報》爆出了一篇題為《克魯伊夫、香檳、裸女和鴛鴦浴》的「猛料」：4名荷蘭國腳與兩名德國女子在駐地游泳池內進行了「裸體派對」。《圖片報》還稱有照片為證，但是直到今日，他們也沒有將照片公之於眾。結果克魯伊夫踢出了自己在1974年世界盃上最差的一場比賽，「游泳池事件」成了媒體最好的武器。

　　賽後有消息稱因為「游泳池事件」，克魯伊夫的妻子丹妮於決賽前與他在電話中聊了一整晚，這導致了克魯伊夫在決賽中表現不佳。克魯伊夫自己在2008年對此回應：「作為一名球員的妻子，她不該受到這種待遇。這種事從1974年就開始了，人們都說是因為她在決賽前天晚上給我打電話，導致我第二天對德國的決賽發揮不好。書上這麼寫只是想譁眾取寵。在那幾週裡，荷蘭隊駐地和她的住處間沒有電話線，我們幾週都沒有聯絡。」

　　2.1978年世界盃，31歲的克魯伊夫宣布缺席。而在三十年後，他透露，自己沒去參加阿根廷世界盃是因為自己和家人遭到了綁架威脅。1977年9月21日，一名操荷蘭語的西班牙男子敲響了克魯伊夫在巴塞隆那的家門，自稱是送包裹的郵遞員。因為對方講荷蘭語，沒有任何戒心的丹妮打開了房門。這名男子進來後，立刻舉起短筒獵槍讓克魯伊夫及家人趴在地上，後來透過前來串門的鄰居的營救，克魯伊夫全家脫險。

　　克魯伊夫稱，「那是一段非常可怕的時期，家裡毫無安全感。4個多月，我的家庭處在警備保護之下，警察直接就睡在我們的臥室裡。孩子上下學也

跟著球評看世足：骨灰粉都不一定知道的足球史

「骨灰級」球迷需要知道的若干段子

有專人護送，他們還小，甚至都不知道這是怎麼回事。有時你會想了結這一切：夠了，乾脆掛靴回阿賈克斯做青訓工作吧！」

3. 巴斯滕的過早退役實在是荷蘭足球一憾，而導致他退役的禍因卻是自己埋下的。1986～1987賽季的歐洲優勝者盃，阿賈克斯以統治級表現奪得冠軍，隊內最佳球員毫無疑問是巴斯滕。值得一提的是，巴斯滕在這個賽季中已經開始飽受右腳踝傷勢困擾。很多人因為巴斯滕記住了維爾喬沃德、博利等兇猛後衛，但其實最早重傷巴斯滕右腳腳踝的是他自己。1986年冬，一場阿賈克斯對格羅寧根的荷甲比賽中，巴斯滕在防守時放鏟傷到了自己的腳踝，從那之後巴斯滕便一直飽受右腳踝傷勢困擾，直至退役。

4.1988年歐洲盃預選賽期間，荷蘭主教練米高斯得到「線人」密報：荷蘭足協的一位執行委員對於球隊球隊持續維持良好狀態很是不爽。這位執委希望球隊中大多數主力的俱樂部（阿賈克斯）主教練克魯伊夫能夠在荷蘭隊的技術事務中擁有話語權，而國家隊的良好表現使得他沒有機會實現自己這一想法。這也埋下了米高斯、克魯伊夫這對師徒最終交惡的禍根。

當然最讓米高斯不能容忍的是報紙上出現了以下報導：阿賈克斯的國腳們在回到俱樂部之後，會被克魯伊夫重新教授如何踢球！米高斯隨後遞交了辭呈。荷蘭足協一開始同意了米高斯的辭職請求，但要求他支付45萬荷蘭盾的違約金。足協執行委員會同時認為，埃因霍溫俱樂部提供的一份合約才是導致米高斯想要辭職的真正原因。米高斯堅持與足協開會討論去留問題，在最後一次會議上，一名足協委員向米高斯問到其是否仍有動力率領荷蘭出征歐洲盃，令米高斯大怒不已。

5.1987～1988賽季，里傑卡爾德與阿賈克斯主教練克魯伊夫爆發猛烈衝突。克魯伊夫原本希望在巴斯滕離隊後，里傑卡爾德能夠站出來擔任球隊領袖，然而個性內斂的里傑卡爾德對此毫無興趣。再加上克魯伊夫在訓練場上喋喋不休，里傑卡爾德長期積壓的怨氣終於爆發，並放出話來自己寧願在阿賈克斯二隊踢球，也不願意再參加克魯伊夫的訓練。里傑卡爾德原本已經和埃因霍溫草簽了一份合約，克魯伊夫對此非常生氣，「里傑卡爾德在合約期滿之前哪兒也別想去！」里傑卡爾德最終被租借去了西甲的薩拉戈薩。阿

10 個「骨灰級」荷蘭粉也不知道的段子

賈克斯這個賽季打得一塌糊塗，克魯伊夫也在冬歇期後與董事會爆發衝突，辭去了主教練職務。

6.1988 年歐洲盃，首戰蘇聯，在荷蘭隊全體成員乘坐巴士前往球場的過程中，荷蘭足協又有了出乎意料的舉動。原本從酒店去往球場只需要半個小時，但巴士司機竟然繞路而行，最終闖紅燈還花了一個半小時才到達球場。巴士司機如果沒有得到上面的指示，借他十個膽也不敢拿自己的職業開玩笑。真實情況是，巴士繞路是為了去荷蘭足協和贊助商們下榻的酒店，這樣一來荷蘭足協官員和贊助商們便可以在巴士經過時向巴士揮手致意。

7.1990 世界盃，完全是荷蘭自己將自己「作」死的一屆世界盃。首先是以隊長古利特為代表的球員對現任主教練利布雷赫茨不滿，認為他缺乏能力。於是足協只能無奈希望他下課，但是利布雷赫茨帶隊的預選賽成績非常出色，他自己拒絕辭職，並決定與足協對簿公堂。荷蘭法院想要知道隊中有多少球員希望利布雷赫茨下課，足協為收集證據不得已召集所有隊員進行了一次投票。利布雷赫茨最終下課，之後在誰接手的投票上，克魯伊夫票數最高，但是在足協任職的米高斯最終建議足協選擇了票數第二的本哈克。球員們極為憤怒，米高斯瞬時成為公敵。

身兼荷蘭隊和阿賈克斯主教練兩職的本哈克，當然也知道這些球員都不是省油的燈，儘管球隊表面實力看上去罕有匹敵。在備戰期的訓練場上，米高斯「親力親為」，身為國家隊技術顧問的他竟然參與制定每一堂訓練課，球員們對米高斯的不滿情緒與日俱增。而身為主教練的本哈克則像是個標準的傀儡，一副事不關己高高掛起的態度。

8.「婆媳大戰」爆發在世界盃前的一場訓練課上，荷蘭還是像往常一樣訓練。訓練基地來了三名記者採訪米高斯。荷蘭隊在這屆大賽上有條紀律：採訪不得在訓練場上進行。而此時，顯然米高斯已經違紀了，所有的隊員都在等著主教練本哈克出來說話。而本哈克保持沉默，無動於衷。原本就對米高斯心懷怒氣的隊員終於忍不住了，科曼率先發難，要求古利特去告誡米高斯。科曼挑了頭，隊員們便一起慫恿古利特。

17

跟著球評看世足：骨灰粉都不一定知道的足球史

「骨灰級」球迷需要知道的若干段子

　　古利特對身邊的荷蘭首席新聞官赫爾．斯托爾克說道：「赫爾，請你轉告米高斯先生，他應當遵守紀律。」斯托爾克頗感為難：「可是路德，他是米高斯先生啊！」古利特有些生氣地回應道：「那又怎麼樣？我要你馬上去講！」手足無措的斯托爾克戰戰兢兢地找到米高斯，開口來了句：「隊長請你離開訓練場。」米高斯的反應可想而知，火山爆發般吼了句：「我和那個隊長狗屁關係沒有！」在場所有人都聽到了這句話，作為教練的本哈克卻始終一言不發。

　　9.1994 年世界盃，古利特臨陣退賽。備戰期間，主教練艾德沃卡特選用了風險極高的 343 體系。古利特對此頗為不滿，古利特認為在美國炎熱的天氣下，使用 343 純屬自尋死路，他希望球隊採用更加保守的戰術體系。在對陣蘇格蘭隊的熱身賽之後，古利特找到艾德沃卡特，通知他自己將不會參加即將開打的美國世界盃。年輕的主教練哪裡見過這種狀況，當場不知所措，他請古利特回去再考慮一晚。古利特的看法沒有改變，第二天，古利特和艾德沃卡特召開新聞發表會，正式宣布退賽決定。古利特同時表示自己將永久退出荷蘭國家隊。

　　10.1996 年的歐洲盃，荷蘭隊的內鬨導致隊內形成小團體。「電纜幫」荷文名為 De Kabel。電纜幫的主要成員為博加德、戴維斯、克魯伊維特、雷齊格和西多夫 5 人。這 5 名來自於蘇里南的黑人球員當時皆效力於阿賈克斯，在一檔足球訪談類節目上，嘉賓戴維斯、克魯伊維特和西多夫用電纜一詞形容彼此之間的關係。

　　電纜幫與其他白人球員之間的交惡由來已久，之後因為在跟瑞士隊的比賽中，希丁克 26 分鐘就將西多夫換下，引發了另一名「電纜幫」成員戴維斯的極度不滿，他認為希丁克過多地聽取了隊中一些白人球員的意見，之後便對記者表示：「（希丁克）應該把他的臉從球員們的屁股裡挪出來，這樣他就能看得更清楚一點。」

　　（參考書籍：《世界盃冠軍志之無冕之王荷蘭》，體壇傳媒編著，執筆記者：夜雕，西南財經大學出版社）

10 個「骨灰級」巴西粉也不知道的段子

文／小中

　　巴西國家男子足球隊，以五次奪得世界盃冠軍而笑傲全球，從未缺席過世界盃。貝利、加林查、奇哥、羅馬里奧、羅納度、小羅納度、卡卡等巨星交相輝映。

　　1.1938 年法國世界盃小組賽首戰對陣波蘭隊，巴西著名球星「黑鑽石」李安尼達斯踢進了世界盃歷史上唯一的一顆「光腳進球」。比賽中，李安尼達斯的球鞋破了，站在波蘭隊禁區附近的他準備去場邊換鞋。波蘭門將發出門球，在觸球的一剎那，他腳下打滑，皮球正好踢到李安尼達斯腳下。對方門將失誤送大禮，李安尼達斯可不客氣。儘管一隻腳光著，一隻手提著破了的球鞋，李安尼達斯抬腳就射，破門得分，用的正是光著的右腳。

　　2.「黑鑽石」李安尼達斯可謂巴西足球界第一代知名球星。巴西人稱之為「第一個貝利」，此外他還被尊為「倒勾之父」，因為在 1932 年 4 月 24 日舉行的一場里約州聯賽上，李安尼達斯做出了第一個倒勾動作。然而在 1914 年的一場比賽中，一位名叫阿斯拉的智利球員已經在實戰中使用了倒勾球，隨後智利為那個動作起名「智利式（chilena）動作」。時至今日，在所有西班牙語系的國家裡，倒勾球都被稱作「智利式」。然而更不幸的是，在 1938 年法國世界盃上，「黑鑽石」還有過一個倒勾破門，但因為當值主裁判沒見過這種踢法，這個進球被判無效。

　　3.1950 年世界盃決賽的「馬拉卡納慘案」對巴西民族造成了巨大的影響：是不是白色球衣帶來了壞運氣？這直接導致了巴西隊改換球衣顏色。1953 年，里約熱內盧的《晨郵報》舉辦了為巴西隊設計新隊服的比賽，要求很簡單：新隊服要使用黃色、綠色、藍色、白色四種巴西國旗上的顏色。最後時年 18 歲的漫畫家席勒奪魁：他設計的隊服為黃色球衣，有綠色的點綴；球褲是藍色的；球襪則是白色的（正如現在的巴西隊傳統的主場隊服）。令人意想不到的是，出生在巴西的席勒卻是烏拉圭隊的死忠球迷。

跟著球評看世足：骨灰粉都不一定知道的足球史

「骨灰級」球迷需要知道的若干段子

4.1958～1970 年四屆世界盃，在巴西隊陣中都配有一名牙醫，名叫特里戈。當時巴西並不發達，球員知識水準也不高。特里戈告訴巴西隊員，牙齒有問題甚至會影響身體健康，使身體虛弱，尤其是延緩傷病恢復。單在 1958 年世界盃上，特里戈就為 33 人拔了總共 118 顆牙，不只是球員，教練組也未能倖免。在離開巴西去瑞典之前，特里戈還為一位球員拔了 14 顆牙，創下了一個記錄。而這個倒楣蛋不是別人，正是加林查。

5.1958 年世界盃是巴西隊球員「外號」大行其道的一屆世界盃。22 人中有 9 人是使用「外號」報名的。巴西隊「外號」氾濫也讓記者開起了玩笑。記者演繹道：「巴西隊訓練中。一位記者問另一位記者，『你拿到巴西隊的出場名單了嗎？』『拿到了。都都（Dudu）是門將，達達（Dada）和達都（Dadu）是中後衛。中場有多多（Dodo）、都迪（Dudi）和都達（Duda）。在前場的則是迪迪（Didi）、迪達（Dida）、德達（Deda）和達德（Dade）。』『你確信這個名單準確無誤嗎？』『沒錯。我採訪了主教練。』『可我以為德都（Dedu）會上場呢。』」

6.1958 年巴西隊在世界盃決賽時第一次穿藍色球衣出戰。關於藍色球衣的誕生還有一段小故事。巴西隊球衣主色為黃色，而對手瑞典隊球衣主色也是黃色。按照規則，也出於對東道主瑞典的尊重，巴西隊必須改穿其他顏色球衣出戰。可巴西隊沒想到會走那麼遠，更沒想到會在決賽遇到同樣穿黃色球衣的隊。撞衫了怎麼辦？球隊臨時決定改穿藍衣。於是巴西隊派人去小市場上買來藍衣，從黃衣上撕下巴西體育聯合會會徽縫上去，就成了巴西隊第二套隊服。

7.1958 年巴西隊奪冠，門將吉爾馬爾也居功至偉。在 1962 年智利世界盃上，吉爾馬爾作為主力，助巴西蟬聯世界盃冠軍。他也成了世界盃歷史上唯一一位兩奪世界盃冠軍的門將。不過在 1966 年的世界盃上，吉爾馬爾沒能延續神奇，巴西隊中途就被淘汰。四強決賽對威爾斯隊時，吉爾馬爾對右後衛德索爾迪說，這場比賽對巴西至關重要，如果需要的話，我願為巴西而死！德索爾迪也不含糊，回答說：如果要死的話，那讓我們一起死。不知是

10 個「骨灰級」巴西粉也不知道的段子

一語成讖還是巧合，吉爾馬爾和德索爾迪死於同一天，兩人都是在 2013 年 8 月 25 日去世。

8.1962 年世界盃堪稱史上最骯髒的世界盃之一。比賽才開始 5 天，已經有大約 50 名球員因對手粗野犯規而受傷。貝利就是在第二戰對捷克斯洛伐克隊時受傷，直到那屆比賽結束也沒能上場。不過正是貝利的受傷使「小鳥」加林查得以「盡情」飛翔。

世界盃期間，巴西女歌手埃爾薩跟加林查相愛，也激發了加林查的戰鬥力。他在隊友面前發誓要為情人獻上金盃，儘管埃爾薩對金盃代表什麼一無所知。此外，迪斯蒂法諾也曾挑釁小鳥：就算 11 個加林查在場上，巴西也贏不了世界盃。加林查隨後帶領球隊勇奪世界盃冠軍，也讓他成了那屆世界盃的絕對主角。

9. 天才往往性格乖張。在足壇，這類人也層出不窮。羅馬里奧就是這樣一個天使與魔鬼的結合體。作為不世出的天才，羅馬里奧的世界盃之旅卻頗為坎坷，1990 年世界盃提前傷退，並與多名球員和教練合不來。「獨狼語錄」也應運而生。什麼「所謂好教練，就是那種不給別人添亂的人」；「為什麼要訓練呢？我已經知道怎麼踢球了」等。對於夜生活，「獨狼」也有高論：「如果我睡得太多，我就進不了球了，因此我喜歡夜生活。」對於前輩貝利，羅馬里奧指出：「閉上嘴巴的貝利是一位詩人」。「獨狼」最自負的一句話是，「當我出生時，指著我說：『那就是我選中的傢伙』」。活脫脫就是那個時代的穆里尼奧啊！

10.2010 年世界盃，巴西迎來新老交替，卡卡成為核心。但自 2007 年榮膺世界足球先生後，卡卡傷病不斷，狀態也每況愈下。直到世界盃開幕，卡卡還在透過比賽找狀態。小組賽第一場對陣北韓隊，卡卡表現渾渾噩噩。第二場對陣象牙海岸，卡卡逐漸找回狀態，貢獻兩次助攻，也引來了象牙海岸人對卡卡的粗野犯規。卡卡因與主裁判抱怨和報復象牙海岸球員凱塔吃到兩張黃牌，被紅牌罰下。那是卡卡職業生涯第三張紅牌，也是他 2003 年轉會米蘭後拿到的第一張紅牌。卡卡是巴西世界盃歷史上第 10 位 10 號，也是巴西歷史上第 10 位拿到紅牌的球員。

跟著球評看世足：骨灰粉都不一定知道的足球史

「骨灰級」球迷需要知道的若干段子

（參考書籍：《世界盃冠軍志之巴西》，體壇傳媒編著，執筆記者：李海龍，西南財經大學出版社）

10 個「骨灰級」英格蘭粉也不知道的段子

文／劉川

溫布利門線懸案、加斯科因的眼淚、阿蘭‧席勒標誌性的慶祝動作，不是英格蘭經典段子要說的故事，比西蒙尼暗算貝克漢更勁爆的陰謀，比爆笑足球更讓人捧腹的歡樂場面。

1.1933 年 5 月，英格蘭隊拜訪義大利，賽前英足總做出了一個大膽的決定：「讓兵工廠足球俱樂部主帥查普曼隨隊前往羅馬。」在此之前，英格蘭隊不設帶隊主教練，也沒有人負責球隊的戰術部署，球隊出場名單由英足總的國際賽事遴選委員會裁定。查普曼在羅馬的職責和主教練相仿，他先是在比賽前召集全隊進行了基本的戰術部署和安排。上半場球員列隊出場後，英足總將球隊更衣室的鑰匙也交給了查普曼掌管，讓他上半場結束後率領球員回到更衣室做進一步部署，結果這位傳奇主帥竟然把鑰匙在場邊弄丟，中場休息時球員們只能站在走廊布置戰術。

2. 查普曼出生於一個煤礦工人家庭，球員時代平淡無奇，退役後卻逐漸成為英格蘭歷史上罕有的傳奇主帥。查普曼精力旺盛程度讓人驚嘆，除了革命性的創造出「WM」陣型外，他還對球隊訓練和比賽細節進行了許多大膽的創建。正是他最早為球場上球員分配數字號碼，並且將其印在球衣的背面，從而大大提高了觀眾對球員的識別程度；同時他還創造性地在光線不佳的夜場比賽中使用廣泛燈組照明！

3. 二戰戰事吃緊，英國政府開始進一步募兵。英格蘭代表隊隊長，當時效力於兵工廠的哈普古德應徵入伍，但是他在軍營遇到了麻煩。在報到當天，一名下士點名問道：「你和兵工廠隊的哈普古德有什麼關係？」他答道：「長官，我就是兵工廠隊的哈普古德！」結果這名下士不但沒有照顧哈普古德，反而神經質地大笑道：「小傢伙，你為這麼有品味的一支球隊效力，我們在這也得給你安排一些美妙的工作。」他扔給哈普古德一把刷子，先讓他去擦洗軍營的地板，緊接著又派這位國家隊隊長去打掃廁所。

跟著球評看世足：骨灰粉都不一定知道的足球史

「骨灰級」球迷需要知道的若干段子

4.1943 年 9 月 25 日，英格蘭戰時代表隊迎戰威爾斯隊。威爾斯隊的鮑威爾突然受傷，臨時離場，而威爾斯隊那次好不容易湊齊首發 11 人，沒有替補人選。這個時候，以英格蘭隊替補球員身分在場邊觀戰的莫特森突然接到了自己足球生涯最為奇怪的一道命令，要他臨時加入威爾斯隊，立即替換鮑威爾上場。就這樣，莫特森悄悄脫下英格蘭隊的白色球衣，換上了威爾斯隊的紅色戰袍上場。有意思的是當天比賽的 8 萬球迷，且沒有一個人發現威爾斯隊中「混」進了一個英格蘭人。事實上相當一部分英格蘭球員也不知道自己的隊友已經「潛伏」到了威爾斯隊在和自己對陣。

5.1950 年世界盃堪稱歷史上組織最為混亂的一屆世界盃。蘇聯和匈牙利等東歐社會主義國家，對這類主辦權不在本方陣營手中的所謂國際賽事持抵制態度。而德國則仍然處於被國際足聯除名的狀態。除政治原因外，阿根廷足協不願意和巴西足協冰釋前嫌，拒絕參賽。蘇格蘭隊棄權，替補拿到入場券的土耳其足協因旅費無法報銷再次棄權，國際足聯為了湊齊 16 支球隊，邀請未能晉級的葡萄牙和法國補缺，結果葡萄牙隊婉言謝絕，法國隊則接受了邀請。最讓人啼笑皆非的是印度隊，作為唯一代表亞洲參賽的球隊，印度隊因國際足聯禁止球員赤腳參賽的法令退賽，因為處於熱帶地區的印度隊隊員當時習慣赤腳比賽。當然，「赤腳退賽說」此後被印度方面否認了。

6.1950 年 6 月 25 日，對於英格蘭體育而言彷彿是被詛咒的一天，英格蘭板球隊有史以來第一次在主場輸球，對手是西印度群島隊。也正是在這一天，不可一世的英格蘭代表隊在世界盃上被一支臨時拼湊起來的美國隊 1：0 擊敗。時任《每日鏡報》記者肯‧瓊斯如此形容當時自己同事的反應：「當負責接收前線訊息的助理編輯抄下 0：1 的比分時，他的第一反應不是驚駭，而是微微一笑，他當時認為這一數字肯定是在傳輸時出了什麼訛誤，於是他找了支鋼筆，將比分改寫成了更加合乎情理的數字──10：1。」據說那天誤以為電報系統出現故障，而私自將比分改寫成 10：0 和 10：1 的報社編輯不在少數。美國那邊也同樣對這一結果猝不及防，由於世界盃在本土影響甚微，現場僅有一名自費來的美國記者，因為報社不認為這項賽事有關注和報導的價值，拒絕給他報銷旅費。焦頭爛額的並非只有文字記者，當天報導比賽的攝影記者，因為預計英格蘭隊會血洗美國隊，所有的攝影記者上半場全

10個「骨灰級」英格蘭粉也不知道的段子

部都跑到美國隊球門後方蹲守，這導致他們中沒有一個人抓拍到蓋廷斯頭球破門的瞬間。

7.1962年世界盃，英格蘭隊吸取了之前在南美比賽苦不堪言的經驗教訓，為了最大限度避開外界的干擾，球隊將駐地設在智利哥雅山區的一座隸屬於美國布萊登銅礦公司的營地。在智利這樣的南美國家，一家大規模礦產公司的營地通常要比當地酒店的設施好得多。儘管如此，不少球員還是無法適應這裡的生活。格里夫斯每晚都會被密集的雨點砸在房頂的聲音吵醒，而一到晚飯時間，球員們都得膽顫心驚地穿過一座狹窄而年久失修的危橋。1962年的英格蘭隊與其說是去征戰世界盃，不如說是被發配到邊遠礦區去接受勞動改造。而在南美洲這種地區常駐，英足總居然沒有為國家隊配備專門的隊醫。後衛彼得・斯旺，在隨隊出征前患上了普通的扁桃體炎，但由於沒有及時得到正確的醫治，斯旺一度病危，最後能活著返回英格蘭，已經是他的造化了。

8.1966年率領英格蘭隊獲得世界盃冠軍的功勛教練拉姆塞，在選擇球隊隊長時讓人大吃一驚。他既沒有選擇查爾頓，也沒有選擇弗勞爾斯，而是破格提拔了一位年輕人——博比・摩爾。很多媒體猜測，拉姆塞之所以對摩爾青睞有加，是因為摩爾和他年輕時頗為相像。兩人都出生在倫敦，一樣在平時寡言少語，一副謙謙君子的樣子。他們性格偏向保守，外表樸實，不像當時那些開始沉迷於時尚髮型和前衛穿著的球員。摩爾和此前英格蘭隊歷史上最偉大的隊長賴特一樣，是一個不喜歡虛張聲勢地大嗓門吆喝、在場上嚴於律己、以身作則的領袖型球員。在將隊長袖標交給摩爾時，拉姆塞鄭重其事地對他說道：「從今往後，不管你在場上做了什麼，只要你認為這是必要的決定，我都會無條件地支持。」拉姆塞對此說到做到，而摩爾也在之後10年的時間裡最大程度地回報了主帥的信任。

9.之前兩次赴南美洲參加世界盃，英格蘭隊的準備工作都難稱出色。為了避免重蹈覆轍，拉姆塞決定在賽季一結束就率領全隊抵達墨西哥的駐地備戰1970年世界盃。南美洲雖然治安不佳，但是其異域風情依然吸引球員在訓練結束之後去下榻的酒店附近散步和購物。隊長博比・摩爾和博比・查

跟著球評看世足：骨灰粉都不一定知道的足球史

「骨灰級」球迷需要知道的若干段子

爾頓就在賽前信步走進了波哥大一家名為「綠色火焰」的珠寶禮品店，博比‧查爾頓想給妻子買一些首飾，但是在逛了一圈之後，兩人對那裡陳列的貨物都不感興趣，於是走出那家珠寶店，回到了隔壁下榻酒店的大廳。然而就在這時，珠寶店的一位店員突然走進酒店大廳，指控摩爾和查爾頓偷盜了他們店裡一副價格不菲的手鐲。這一案件直到 1972 年才宣告銷案，然而那家綠色火焰珠寶店不久後就關門歇業了，而指控摩爾的珠寶店店員之後也不知所終。人們一般認為這是一起普通的訛詐誣陷案，但是足球史學家堅持認為這背後是一起精心策劃的陰謀，目的是阻止英格蘭隊隊長參加世界盃，以干擾三獅軍團的衛冕。作為 1966 年世界盃冠軍球隊的隊長，摩爾卻終生都沒有被女王授予爵位，人們普遍認為和他 1970 年牽涉波哥大珠寶案有關。

　　10.2000 年 10 月 7 日，在歐洲盃小組賽出局後的首場正式比賽中，英格蘭又在世界盃預選賽上主場 0：1 輸給了德國隊。已經厭倦了國家隊主帥高壓生活的凱文‧基岡賽後在溫布利球員通道的廁所裡恰好碰到了英足總 [2] 的官員，他隨即就在廁所裡向英足總口頭遞交了辭呈，而英足總方面雖然表面勉強，但是居然也在廁所「現場辦公」，接受了基岡的辭呈。而就在基岡在更衣室打理自己行李的同時，英足總方面的電話已經打到了艾瑞克森經紀人的手機上，後者當時正在拉齊奧執教。英格蘭隊的外教時代就以這麼一種荒誕的形式拉開了帷幕。

（參考書籍：《世界盃冠軍志之英格蘭》，體壇傳媒編著，執筆記者：劉川，西南財經大學出版社）

10個「骨灰級」西班牙粉也不知道的段子

文／梁宏業

2010年南非世界盃，西班牙隊華麗轉身，繼歐洲盃之後再度加冕，成為第8支世界盃冠軍球隊。如果說巴西、義大利等隊是功底深厚的老牌王者，那麼西班牙隊就是奮發圖強、厚積薄發的新人王。貝利亞、托雷斯、哈維、伊涅斯塔、法布雷加斯……。這些西班牙足壇勇猛的鬥牛士們有怎樣的傳奇故事？他們如何帶領西班牙球隊問鼎世界盃？他們又在續寫世界足壇什麼樣的新的傳奇？

1. 現在西班牙畢爾包和英格蘭桑德蘭的隊服都一樣，這不是偶然，是因為畢爾包創建之初就是拿桑德蘭的隊服作為比賽服。那時候的人沒想過自己的球隊可以辦成「百年老店」，於是拿來英國人的就用了。同樣的事也發生在巴塞隆那身上，有人說巴塞隆那的紅藍隊服代表著海洋和激情，還有人說是因為創始者瑞士人甘伯借鑑了瑞士巴塞爾隊的設計。不過據巴薩第二任主席的孫子說，紅藍色隊服實際上就是他爺爺和他爺爺的弟弟在英國私立高中上學時的球衣。

2. 迪斯蒂法諾的偉大無須多言，但是他究其一生，輾轉了兩個國家卻沒能在世界盃上場哪怕一分鐘，實在是遺憾。1950年巴西世界盃，由於與巴西足協的矛盾，阿根廷隊拒絕出席，當時還是阿根廷籍的迪斯蒂法諾無奈錯過。1954年，阿根廷繼續缺席世界盃。1956年，迪斯蒂法諾改換西班牙國籍，但1958年瑞士世界盃西班牙隊沒能出線。1962年智利世界盃，西班牙好不容易出線了，他卻在準備世界盃的倒數第二場比賽中受傷了。而到1966年英格蘭世界盃時，年齡又成了他最大的敵人。

3. 1964年歐洲盃決賽，西班牙主場對陣蘇聯，比賽中兩隊眼看就要進入延長賽，第84分鐘，佩雷達傳中，馬塞利諾頭球得分，最終幫助西班牙隊以2比1戰勝蘇聯隊。馬塞利諾被銘記為西班牙隊的第一英雄，至於是誰傳的球在當時卻說不清楚。因為轉播技術有限，西班牙電視臺沒有採集到傳中場面，為了應付觀眾，使用了此前阿曼西奧的傳中畫面，所以在很長一段時

跟著球評看世足：骨灰粉都不一定知道的足球史
「骨灰級」球迷需要知道的若干段子

間內，大家都認為阿曼西奧是第二功臣。直到 1992 年英國 BBC 電視臺播放了一段獨立攝影，大家才發現傳球的是佩雷達，西班牙電視臺也更正了自己的錯誤，將這一功勞還給了前巴薩球員。佩雷達第一次看到這個進球的全畫面時放聲大哭。

4.1970 年墨西哥世界盃預選賽，打過 3 輪後，西班牙隊已經沒有什麼希望晉級決賽圈了，主帥托瓦辭職。在這種情況下，西班牙足協頗具創造性地選擇了 3 位主帥一同執教西班牙隊：穆尼奧斯、阿爾蒂加斯和莫洛尼，他們 3 人分別是皇馬、巴薩和拉斯帕爾馬斯的主帥，這 3 支球隊也是聯賽的前三名。為什麼要選這 3 個人呢？因為當時媒體對球隊極其失望，連球員都不想替國家隊比賽，更沒有教練願意在這個時候接手。西班牙足協只能跟他們說這是個過渡安排，並且期望球員不看僧面看佛面，在「自己」的教練面前好好踢球。當然，最後的結果是 0：2 輸給了弱小的芬蘭，引起舉國震怒。

5. 世界盃的後勤十分重要。1978 年阿根廷世界盃，西班牙隊選擇了阿根廷馬爾托納當作訓練基地，據前鋒魯文卡諾回憶說：「我們是在馬爾托納輸掉的世界盃，那裡的廚師只會做烤肉和義大利麵，早餐是義大利麵，午餐是烤肉和義大利麵，晚餐是義大利麵和烤肉。房間沒有空調，冷得要命，再加上潮溼和有風，顯得更加冷，我們都是穿著衣服睡覺，必須要堵住房間窗戶縫來保暖。我們要到幾公里外的卡車司機工會和醫生工會的場地訓練，但我們到的時候發現場地有人，要轉去另外一塊場地，場上的人都在笑話我們。在馬爾托納，除訓練外我們無事可做，因為什麼都沒有，有的球員去和當地軍人打獵，拿機槍打鴨子。」

6. 一次皇馬客場以 0：2 輸給國際米蘭後，阿西奧到酒店去看望受傷的布特拉格諾，但在布特拉格諾的房間找不到人，便開始一間一間地找，找到華尼托房間時聽到屋裡面很嘈雜，便推門進去，看到華尼托和他的室友羅薩諾在一張床上和幾個女人戲耍，布特拉格諾在另外一張床上躺著看書，看的還是他業餘時間攻讀的企業管理專業的書籍，所以說布特拉格諾沒被帶壞還真是靠其坐懷不亂的定力。

28

10 個「骨灰級」西班牙粉也不知道的段子

7.1984 年的歐洲盃決賽，西班牙對陣法國。第 57 分鐘，普拉蒂尼在禁區外主罰任意球，他的射門質量並不高，但之前一直神勇的阿科納達卻將球從腋下漏進網內，西班牙慘丟冠軍。很多年後，阿科納達回憶說：「當時我正處於狀態巔峰，被提名為最佳門將，但最後殘忍的事實把我拉了下來。」多年以來，球迷們忘了西班牙隊丟掉冠軍是因為阿科納達的失誤。直到 24 年後，西班牙隊奪得第二次歐洲盃冠軍，替補門將帕洛普身著當年阿科納達的球衣從歐足聯主席手裡領取了金牌，他說想還阿科納達一個公道。

8.1988 年歐洲盃，由於馬塞達退役，戈伊科切亞總是受傷，西班牙隊除了這兩個中衛很強外，其他中衛都無法頂替。穆尼奧斯在談及戈伊科切亞因傷無法入選國家隊時表示：「戈伊科切亞這樣的球員很難找到人代替，我指的不光是防守能力和身體素質，還包括領袖風範。我們只能鼓勵他生個兒子好好培養，接替他的位置了。」記者們提醒穆尼奧斯，戈伊科切亞只有一個女兒還沒有兒子。穆尼奧斯說：「那我們應該鼓勵他要個兒子。」

9.1994 年世界盃八強決賽，西班牙隊主教練克萊門特排出了一個史上最「龜」的首發，瓜迪歐拉和格雷羅這樣的技術型球員都沒機會出場，首發 11 人有 9 人或多或少帶有後衛屬性。於是這個陣型被媒體譏諷為「9 後衛加 1 前鋒」的陣型：邊後衛是塞爾吉；中衛是卡馬拉薩和阿韋拉多；雙後腰（後腰＝防守中場）其實也是兩個中後衛在打，他們是阿爾科塔和米格爾．納達爾（現在世界男子網壇名將拉菲爾．納達爾的叔叔）；前腰（前腰＝進攻中場）是耶羅；三前鋒是巴克羅、恩里克和戈伊科切亞。首發球員裡只有巴克羅在職業生涯中沒打過後衛，克萊門特反正從來也不在乎別人說他保守。

10. 智叟阿拉貢內斯，當時他上任後第一次招球員並沒有把自己未來的核心球員哈維招入隊中，第二次招哈維入隊後，他首先問哈維：「我第一次沒有招你入隊時你是怎麼想的？你肯定想這個臭老頭竟敢不招我入隊。」哈維當時被嚇住了，立馬矢口否認，阿拉貢內斯一笑，哈維才領會到老頭子是在開玩笑。卡索拉第一次入隊後，也曾被阿翁叫到他的國家隊訓練基地辦公室問話。卡索拉在沙發上舒服地坐著，阿拉貢內斯問道：「你憑什麼認為自

29

跟著球評看世足：骨灰粉都不一定知道的足球史

「骨灰級」球迷需要知道的若干段子

己能來到這裡？」阿拉貢內斯上前一把揪住卡索拉的領子說道：「你來到這裡是因為你配得上這裡。」

（參考書籍：《世界盃冠軍志之西班牙》，體壇傳媒編著，執筆記者：梁宏業，西南財經大學出版社）

10 個「骨灰級」義大利粉也不知道的段子

文／彭雷

　　地中海的那一抹深藍，是亞平寧足球的標誌。在世界盃歷史中，義大利隊 6 次殺入決賽，4 次捧盃，總排名第二。誠然，義大利隊為世界貢獻了無數英俊的球星，而且都富有傳奇色彩：憂鬱的巴吉歐、忠誠的托蒂、不朽的後衛巴雷西與馬爾蒂尼，還有數不勝數的優秀前鋒皮耶羅、英薩吉、維耶里、羅西，還有一個比一個偉大的守門員佐夫、托多、布馮。

　　1.1934 年世界盃，擁有諸多猛將的阿根廷國家隊卻不願派出最強陣容參賽。「萬一被看上了，誘惑了，損失的可是阿根廷隊。」這絕非阿根廷足協上綱上線，因為東道主義大利就歸化了好幾位阿根廷球員為之效力，這些人被通稱為「僱傭兵」。阿根廷足協的顧慮也促使國際足聯下定決心就「更換國籍參賽」頒布相關嚴格的規定。

　　2.1938 年世界盃半決賽，義大利隊迎戰奪冠熱門巴西隊。森巴軍團十分樂觀，已經提前定好飛往決賽地巴黎的機票，然而他們卻付出了慘痛的代價，以 1：2 不敵衛冕冠軍義大利。亞平寧足球巨星梅阿薩在比賽中踢進決定勝局的一顆罰球。這裡有個小插曲，據說當時梅阿薩的短褲鬆緊帶斷了，只能一隻手提著褲子去射罰球，這也是他所進的最後一顆國家隊進球。賽後，義大利主帥波佐找到巴西隊，希望對方能轉讓機票，但巴西隊寧肯報廢卻不願轉讓，結果藍衣軍團只能坐著火車前往巴黎。

　　3.1958 年世界盃，義大利隊雖然招募了 1950 年逆轉巴西隊奪得世界盃的烏拉圭球星基亞菲諾和吉買助陣，但球隊卻連預選賽都沒有過關，問題出在預選賽最後一輪與北愛爾蘭隊的交鋒上。事實上，在 1957 年 12 月，義大利隊客場曾以 2：2 戰平北愛爾蘭隊，這個比分已經確保球隊可以進軍世界盃，但義大利足協沒事找事，非要認定這場比賽沒有國際級主裁，要求重賽。結果，義大利隊以 1：2 告負，留下義大利國家隊史上唯一一次沒有進軍世界盃決賽圈（1930 年沒參加除外）的遺憾。

跟著球評看世足：骨灰粉都不一定知道的足球史

「骨灰級」球迷需要知道的若干段子

4. 在 1931 年義大利對陣匈牙利的友誼賽中一戰成名的切薩里尼出生於義大利，成長於阿根廷，是藍軍歸化球員中的翹楚。「切神」的闖禍精神比之今日的巴洛特利不相上下。一次，球隊參觀游泳池，不會游泳的切薩里尼聲稱自己敢從最高的跳臺跳下，眾人嗤之以鼻。結果，只聽「撲通」一聲，切薩里尼果然從最高跳臺一躍而下。最後，三個人一起努力才把被泳池水灌個半飽的切薩里尼救了上來。

5. 1962 年世界盃，義大利隊迎來史上最混亂不堪的一年。球隊同時存在兩位主教練──馬扎和費拉里，而且兩人的足球哲學有著本質區別。如此奇葩的組織架構讓球員沒法專心踢球，小組賽首戰 0：0 平聯邦德國後，球隊發生了著名的「地板事件」。第二場小組賽前，馬扎把費拉里踢到一邊，獨自一人帶上幾名記者討論陣容。「目前的陣容不行，必須換」，馬扎三言兩語就更換了 6 名主力，並大爆粗口。替補後衛戴維德和阿根廷僱傭兵西沃里正巧就住在馬扎樓上，因為當時地板都是木質的，隔音效果極差，後者的言論被樓上的隊員趴在地板上聽得一清二楚，據說被換下的球員曾去主教練那裡「造反」，這樣的不良情緒也影響到義大利隊後面的比賽，最終球隊小組未能出線。

6. 1962 年世界盃小組賽第二輪，義大利隊 0：2 負於東道主智利隊。此戰火藥味十足，先是義大利中場費里尼報復對手被主裁判阿斯頓罰出場外（當時還沒有紅牌，只是罰出場外，英格蘭人阿斯頓是足球史上一個被銘刻的名字，幾年後他發明了邊裁小旗，隨後又創造了紅黃牌制度，並在 1970 年世界盃上正式推行），費里尼因不滿判罰，執意不肯離場。就在他強烈控訴時，智利隊桑切斯一記「黑拳」直接打斷義大利隊阿根廷僱傭兵馬斯基奧的鼻子。由於此時還沒有換人規則，馬斯基奧只能挺著被打斷的鼻子繼續比賽。此役，義大利隊被罰下兩人，場上各種肢體衝突不斷，似乎現場 6.6 萬觀眾看的不是一場足球賽，而是一場自由散打。當時還沒有電視轉播技術，只能靠錄影帶郵寄將現場畫面傳遞出去。兩天後，慘烈的聖地亞哥之戰錄像被寄回歐洲，義大利國家電視臺播放完這場比賽後，舉國譁然。從那天開始，義大利警方不得不派專人保護智利外交人員，時間長達一個月。對了，桑切斯的「功夫」為何如此厲害？因為他老爹是智利一名冠軍級拳擊手！

10個「骨灰級」義大利粉也不知道的段子

7.1966年世界盃小組賽第三輪，義大利隊在打平北韓隊就可以出線的情況下，被對手0：1擊敗，再度折戟小組賽，爆出世界盃歷史上的最大冷門。賽前，義大利著名記者布雷拉撰文稱，「如果連北韓隊都打不贏，我一輩子再也不寫足球報導了。」最終，他並沒有兌現諾言。後來有報導稱，在比賽中打入決定性一球的朴斗一是一名北韓牙醫，「義大利隊被牙醫擊敗」的段子一度廣為流傳。事後證實，朴斗一其實是一名體操運動員。

8.1968年歐洲盃半決賽，義大利隊對陣蘇聯隊，最終比賽結果是0：0。按照當時的規矩，非決賽平局將用擲硬幣來決定晉級。據說，兩隊賽後在更衣室裡擲硬幣時，第一枚硬幣掉到地板縫底下找不到了，於是用第二個硬幣又拋了一次，結果義大利進軍決賽。有人說，後來清潔工打掃時發現了第一枚硬幣，本來去決賽的應該是蘇聯隊。

9.1970年世界盃，在主帥瓦爾卡雷吉宣布最初的22人名單時，並沒有前鋒博寧塞尼亞的名字。博寧塞尼亞代表國家隊出場22場，打入9球，也算「高產」，但瓦帥卻不中意他，而是更青睞尤文圖斯的阿納斯塔西。不料，在世界盃前的集訓中，阿納斯塔西與按摩師打鬧時不幸傷到睾丸，不得不進行手術，這一話題也成為義大利大小媒體爭相報導的笑料。博寧塞尼亞事後回憶：「那天夜裡我都睡了，突然足協的人衝到我家，連拉帶拽把我弄下床，讓我趕快收拾行李辦護照，然後一大早就飛往墨西哥與國家隊會合……。」

10.1974年世界盃，義大利隊陣中有一個叫雷·切科尼的中場球員，堪稱亞平寧足球史上最「盃具」的人物。他1948年出生，1977年去世，享年僅29歲。1977年1月18日，效力於拉齊奧的雷·切科尼和兩個朋友去羅馬市中心的一個珠寶店買東西，他突發奇想，把手放到包裡，假裝有槍，大喊「搶劫，把東西都拿出來！」按他的幼稚想法，作為拉齊奧球星，羅馬城裡的人應該都認識他，開個玩笑無傷大雅。孰知珠寶店老闆不是球迷，壓根不知道他是哪根蔥，更可悲的是，這家珠寶店剛剛被搶劫了兩次，於是老闆拿出櫃臺下的手槍，子彈就這樣穿過了雷·切科尼的胸膛。20分鐘後，他不治身亡，老闆也因防衛過當而被判刑。

跟著球評看世足：骨灰粉都不一定知道的足球史

「骨灰級」球迷需要知道的若干段子

（參考書籍：《世界盃冠軍志之義大利》，體壇傳媒編著，執筆記者：彭雷，西南財經大學出版社）

10個「骨灰級」法國粉也不知道的段子

文／趙威

方丹是扯開嗓子喊的，科帕是單頻道的，席丹是立體聲的，而普拉蒂尼就是環繞立體聲，當然還有雅凱和多梅尼克。法國足球的樂章貫穿整個現代足球史，無論是在場內還是在場外。而法國足球的故事就像變幻的風景，也許你欣賞過，卻未必真正到達。

1. 科帕、普拉蒂尼、席丹，在帶領法國隊走向了三次不同的巔峰之後，他們三個人的退役帶來的空缺直接導致了法國隊在高峰之後的低谷。科帕並不是自己選擇的退役，而是因為他不斷抗議俱樂部奴役球員而招致了法國足協的報復。在他之後，法國隊甚至連續兩次缺席世界盃，重新淪入二流。普拉蒂尼在獲得了1986年墨西哥世界盃季軍之後選擇了急流勇退。不過，隨後法國隊的窘境使得他不得不換了一個主教練的馬甲趕緊出山，那時他只有33歲，也是法國足球史上最年輕的主教練。席丹在2002年的世界盃之後退出國家隊，不過，他看到法國隊世界盃出線的困境，又選擇了復出，並且帶領馬克萊萊和圖拉姆等老將獲得了2006年世界盃亞軍。當巨星再度離開後，法國隊也就重陷於平凡之中，迄今為止，除了不斷的醜聞之外，再無驚喜。

2. 創辦奧運會，創辦世界盃……。當法國人在國際舞臺上揮斥方遒的時候，法國隊在球場上並沒有這麼光輝，甚至暗淡得讓球迷無法接受。那是怎樣的一個時代啊！1925年當法國隊在都靈被義大利隊7：0橫掃的時候，斯坦帕（STAMPA）市的市長感到特別恥辱，於是命令收回所有印有這場比賽結果的報紙。

3. 1930年世界盃，由於旅途漫長，加上費用有限，當時的大多數歐洲球隊都選擇放棄參加。歐洲球隊總計只剩4支——比利時隊，法國隊，羅馬尼亞隊和南斯拉夫隊。除了法國之外的其他三個國家都獲得了國王的支持。法國沒有這樣的待遇，但是他們有一個無所不能的足協主席雷米特。那時候，法國隊的所有隊員都是業餘球員。他們能夠有這麼長時間的假期需要得到僱主的認可，為此，雷米特幾乎動用了自己所有的關係，最終讓法國隊所有隊

跟著球評看世足：骨灰粉都不一定知道的足球史

「骨灰級」球迷需要知道的若干段子

員和其他歐洲球隊分別乘船趕到了烏拉圭。在長達兩週的路途中，法國人甚至專門發明了船上鍛鍊的方法，這也使得法國隊雖然經歷長途跋涉，卻保持著充沛的體力。

　　4. 法國人總會在場外找到場內沒有的機會。那是在 1936 年，國際足聯決定把 1938 年世界盃的舉辦權交給法國。這實在不是什麼意外，事實上，就連國際足聯自己都毫不避諱，這個選擇是為了感謝已經被稱為「世界盃之父」的國際足聯主席法國人雷米特為國際足球做出的傑出貢獻。不過拋開這個很紳士的解釋，我們也可以窺見國際足聯更深層次的不得已：因為申辦那一年比賽的除了法國之外，就只有德國了，而在「法西斯」義大利舉辦了 1934 年的世界盃後，怎麼能讓「法西斯」德國舉辦另一屆呢？世界需要和平，當然需要一屆和平的世界盃！於是，當其他歐洲國家在準備迫在眉睫的世界大戰的時候，法國人開始籌備這項以和平為主題的世界盃了。

　　5. 法國《隊報》，這家當時位於巴黎北部蒙馬特高地的報社不光是體育新聞的採編中心，也是足球圈內高朋滿座的特殊會所。科帕等當時名滿天下的球星每到比賽結束，總會到《隊報》去吃飯，喝酒，並且討論足球的天下。那時的《隊報》不光是一份權威的報紙，還是一個開放的圓桌沙龍。主持這個沙龍的有前球員和主教練阿諾，還有創建冠軍盃的費朗。20 世紀初披上足球行業種種「馬甲」的人物中，阿諾稱得上是傳奇。1908 年，作為當時聯賽最著名的魯北俱樂部的主力，阿諾 19 歲就第一次進入國家隊，並在隨後的 6 年中 12 次效力國家隊，踢進了 3 顆進球。結束職業生涯之後，阿諾研究過數學，做過飛行員，做過德語老師，做過走遍世界的旅行家。最後，他又回到了他熱衷的足球王國，並且成了一個公認的技術派專家。在此期間，他以法國足協顧問的身分，兼任國家隊主教練的職務，同時，他還進入了《隊報》，成為這家報紙的記者。那可真是一段奇怪的歷史，阿諾在指揮完自己的比賽之後，給報紙寫自己的專欄，而他的專欄，總是報紙上最受歡迎的部分。除此以外，阿諾還是一名出色的社會運動者。1932 年法國足球的職業化，就是他率先發起的，職業化的方案就是他一手起草的，而透過這項方案的法國足協，基本上都在他的掌控之中。

6.1976 年，世界盃預選賽客場面對保加利亞的關鍵之戰，是法國足球史上最傳奇的比賽之一。比賽中，普拉蒂尼再次使出任意球的絕技，踢進了自己在 4 場比賽中的第 3 個球，拉孔布再下一城之後，法國隊從容地以 2：0 領先。中場前，博內夫扳回一球，接著，難以置信的場面出現了。先是普拉蒂尼禁區內形成單刀，對方門將嚴重犯規，但是當值主裁判蘇格蘭人富特悍然拒絕了一個法國隊應得的罰球。緊接著，博內夫一個越位在先的進球居然被判有效。最離譜的是，終場前，裁判反而判給了保加利亞隊一個莫須有的罰球，幸好博內夫錯失了這個反超比分的機會。連續三次錯判引發了法國球迷的極大憤怒，當時負責直播的法國電視臺著名主持人洛朗德忍不住在節目中這樣聲色俱厲地脫口而出，「富特先生，你就是個混蛋！」這樣的粗口，在電視解說中從來沒有出現過。聽到螢幕上說出這樣的話，電視臺主管夏爾斯幾乎失去控制，立即拍案而起，但是，最終卻沒有給洛朗德任何的處分。洛朗德的語言雖然過分，卻正好迎合了當時的民意，因為如果博內夫的罰球打進，法國隊將會就此無緣世界盃。

7.1982 年世界盃半決賽，法國隊在西班牙塞維亞遭遇德國隊。這場比賽是法國隊歷史上最富有戲劇色彩的比賽，更準確地說，是富有戲劇的最高境界，充滿跌宕起伏和蕩氣迴腸的情節，充滿悲劇的味道，但是卻一點都不讓人感到悲觀。第 18 分鐘，德國人列巴斯基首開紀錄，普拉蒂尼在第 29 分鐘主罰 12 碼球扳平比分，1：1 的比分維持到 90 分鐘結束。延長賽，特雷索爾在第 96 分鐘凌空抽射破門，緊接著，第 99 分鐘，吉雷瑟再下一城，法國隊以 3：1 領先。還有 20 分鐘，占有兩球優勢的法國隊看起來勝券在握了，在蒙馬特的《隊報》編輯部，當時的主編羅伯特已經給第二天的頭條下好了標題：「輝煌」。這時候，他顯然沒有想到德國人會完成驚天的逆轉。然而，這樣的逆轉很快開始。103 分鐘，魯梅尼格為德國隊扳回一球，緊接著，在第 118 分鐘，費舍爾把比分定格在 3：3。PK 戰，吉雷瑟、阿莫羅斯、羅歇托和普拉蒂尼罰進 4 球，但是西克斯和普萊西斯卻分別射失，結果法國隊 4：5 告負，痛失決賽資格。這樣的結果，毫無疑問，對於法國隊上下，對於已經排好第二天頭版頭條的媒體，對於所有的球迷，都是一次徹底的失望。但

跟著球評看世足：骨灰粉都不一定知道的足球史
「骨灰級」球迷需要知道的若干段子

是回過頭來看，這也標誌著法國隊的實力在那個年代已經重新躋身一流行列。所以，法國《隊報》第二天的頭版頭條仍然使用了「輝煌」這個標題。

8.1993 年，法國足協取消了馬賽隊的聯賽冠軍身分，並且把馬賽降入乙級，而政治家和商人塔皮則因此面臨了牢獄之災。他和里昂信貸乃至和法國政府的官司現在還沒有徹底結束。這些灰色事件是不是會影響到法國隊呢？當然會，從這時起，法國隊主帥烏利耶決定清除法國隊的馬賽勢力，由此引發了球隊的內鬨。吉諾拉等球星公開指責烏利耶，並且表示自己絕不做替補。坎通納也公開支持這樣的說法。一時之間，新老球員矛盾重重，球隊內部出現了「地震」的前兆。就在這樣的時刻，法國隊要面對世界盃最後一場出線的生死戰了。每一次世界盃或者歐洲盃，法國隊能否出線的懸念差不多都會留到最後一場比賽，這幾乎成為了一個傳統。11 月 17 號，巴黎王子公園球場，法國隊在 1：0 領先的情況下被保加利亞翻盤。比賽最後一分鐘，吉諾拉莫名其妙地丟球，讓法國隊早已準備好的香檳，永遠地留在了冰箱裡。主教練烏利耶賽後嚴厲指責吉諾拉：「這樣簡單的失誤，是對於全隊的努力的一次犯罪。」

9. 法國世界盃奪冠 10 週年之後，當年曾經叱吒風雲的 1998 年世界盃奪冠的法國球員已經紛紛退役，而當年的功勳主帥雅凱早在 10 年之前就選擇了急流勇退。不過，這一段歷史塵埃落定之後，一樁懸案卻始終都沒有解決。這是法國足球界乃至於法國媒體界一個沒有開鎖的迷：雅凱和法國《隊報》的矛盾。由於當事雙方諱莫如深，這段是是非非迄今為止也沒有一個結論。在這 10 年當中，雅凱再也沒有接受過任何《隊報》記者的訪問，也從來都沒有對於這段特別的經歷公開做出過任何的回憶和評價。至於《隊報》，當年的總編輯和足球編輯部早已更換了幾任，同樣沒有人願意再提起這段往事。雖然沒有提起，但是他們顯然記住了這個教訓。從此之後，在其他項目保持著自己的犀利筆觸的同時，對於法國隊始終都是網開一面。1996 年歐洲盃前，《隊報》對法國隊的質疑刺痛了雅凱的神經，雅凱拿著這份報紙這樣告誡自己的球員：「你們知道嗎，現在沒有人信任我們，我們必須依靠自己的力量，就算沒法奪得歐洲盃的冠軍，我們也要奪得世界盃的冠軍！」從那時起，雅凱開始正式拒絕接受《隊報》的任何採訪，也終結了法國《隊報》一

直以來在發表大名單或者指定出場名單的前夜，和主教練直接溝通，獲得第一手資料的特權。

10. 對於法國人來說，2008年的歐洲盃，幾乎是2002年韓日世界盃的翻版。在小組的3場比賽中，法國隊未嘗勝績，慘淡出局。6月9日，首場和羅馬尼亞隊0：0戰平。4天後，在和荷蘭隊的比賽中，被對方4：1打敗，這也是50年來法國隊在正式比賽中最慘重的失利。6月17日，和義大利的最後一場小組賽上，法國隊延續了自己的自由落體般的跌落軌跡，以0：2繳械。這簡直是比馬其諾防線還滑稽的一次崩潰，而最為滑稽之處在於多梅尼克在這樣的失敗之後真情流露的一幕。賽後的新聞發表會上，56歲的多梅尼克不想回答任何關於球隊和比賽的問題，而是深情而無助地說：「我現在只有一個計劃，就是和丹妮結婚。就是今晚，我正式向她求婚。我知道這是一個困難的時刻，但這樣的時候，我需要她！」比多梅尼克小16歲的丹妮是當時法國M6電視臺足球節目的主持人，也是多梅尼克的兩個孩子的媽媽。就連她本人對於這樣的一幕都感到非常震驚，更不要說所有的球迷了。在這樣全法國都感到沉重的時刻，作為直接的當事人和責任人，怎麼可以突然提出這樣不合時宜的個人要求呢？

（參考書籍：《世界盃冠軍志之法國》，體壇傳媒編著，執筆記者：趙威，西南財經大學出版社）

註釋

[1] 即德國足球隊球迷簡稱。下同。

[2] 英格蘭足球協會。

梅西、C羅與金球獎

梅西、C羅與金球獎

▌梅西當球王需要世界盃嗎？

文／駱明

世界盃會不會產生新球王？這個問題只可能產生於中國。

在國外，被普遍認可的「球王」只有一個：比利。「球王（The King of Football）」不過是比利的一個綽號而已，如同克魯伊夫被封「荷蘭飛人」、馬拉度納得號「金童」。它不是官方獎項，只是大眾的愛稱，實無必要上綱上線，正如「皇帝」比「王」更高一級，但我們不會因此認為貝肯鮑爾或阿德里亞諾比比利更偉大。

但在中國，「球王」被異化為足球的諾貝爾獎，似乎每過一段時間就非頒出一個不可。比利之後，馬拉度納成為中國公認的第二位球王，而後羅納度、席丹也與球王名號掛過鉤，及至梅西出世，所有人都在問，他會不會成為新球王？

討論新球王前，恐怕更該釐清中國式「球王」的定義。筆者翻遍漢語詞典及各種網路百科全書，都找不到「球王」詞條。根據中國球迷這些年的討論，姑妄給「球王」下一定義：在職業生涯主要階段被公認為「世界最佳」的足球運動員。

梅西

職業足球史已超百年,但達到上述標準的球星,十根手指就數得完,基本上十年一個。迪斯蒂法諾 1950 年代先後征服南美和歐洲,是第一位讓全世界嘆服的球星。比利在 60 年代大紅大紫,70 年代是克魯伊夫的天下,80 年代則是馬拉度納笑傲江湖。

世紀之交是個敏感地帶。以個人才華論,20 歲即首奪金球獎、蟬聯「世界足球先生」的羅納度無疑是 No.1,遺憾的是,雙膝韌帶先後斷裂,讓他的足球生涯大打折扣。年長 4 歲的席丹後發制人,取得了與羅納度大致相當的地位。羅納度與席丹的高下之爭至今仍是中國球迷的熱議話題。

這幾位超級球星,大部分是世界盃的成功者。三個世界盃冠軍令比利成為王者。馬拉度納、羅納度、席丹則力助本國獲得世界盃冠亞軍各一次。

跟著球評看世足：骨灰粉都不一定知道的足球史

梅西、C羅與金球獎

　　但贏得世界盃並不是成為世界最佳的必要條件。迪斯蒂法諾從未登場世界盃，但在國際足球歷史與統計協會的20世紀最佳球員評選中，他高居第4。克魯伊夫只參加過一次世界盃，在決賽中大熱倒灶，輸給「天敵」貝肯鮑爾。貝肯鮑爾在國家隊成功得多，贏得世界盃冠亞季軍各一次，歐洲盃一冠一亞，但歐洲足球一哥從來屬於克魯伊夫。

　　迪斯蒂法諾曾助皇馬稱雄前五屆歐冠，克魯伊夫則率阿賈克斯實現了歐冠三連冠，他們在歐洲主流足球圈中廣受認可，遂無須世界盃冠軍正名。只是早期歐冠在中國並無轉播，故中國只把比利和馬拉度納認可為「球王」。其實羅納度退役之時，西班牙和南美媒體有種說法，認為他是第五位「世界球王」，而此前四位正是迪斯蒂法諾、比利、克魯伊夫和馬拉度納，因為他們都是本時代的王者。

　　時代不同了。進入新世紀後，歐洲俱樂部賽事在中國廣為傳播，那些代表最高水準的球星，每週均有一兩次機會透過螢幕向中國球迷獻技。如今還非得透過世界盃來定論一個球星嗎？

　　世界盃會不會產生新球王？此問可細化為「梅西能否透過世界盃，在中國確立球王地位？」在連拿4個金球獎之後，梅西逐漸被公認為「80後」球員的最佳。如能奪得世界盃，梅西自可與馬拉度納平起平坐；哪怕無緣大力神盃，若在巴薩持續輝煌，梅西也應能成為21世紀第二個十年的「球王」──除非C羅率葡萄牙奪得世界盃。

爭論也是一種肯定

文／駱明

梅西！梅西！梅西！隨著梅西突破穆勒的年度進球紀錄，以及 2012 年金球獎的揭曉，「梅西」再度成為最熱門的體育詞彙之一。梅西和 C 羅誰更強？梅西是不是新一代球王？他能否與馬拉度納和比利相提並論……？這些爭論吸引了球迷的廣泛參與。當然，這種話題永遠沒有標準答案，各持立場的球迷在激烈的辯論中補充了新的「彈藥」，隨時準備迎接下一次舌戰。

既然沒有標準答案，爭不出勝負，這種爭論是否沒有意義？尤其是那些論壇上的爭論，真的很讓人傷腦筋。如果你參與其中，必須隨時刷新頁面，留心對方是否會拋出一個出其不意的「炸彈」，同時精心準備一些「致命武器」，給對手以「致命一擊」。不知不覺，一個或幾個美好的夜晚就耗在了BBS 或微博上。對方是理性人士還好，即使與你意見相左，雙方也會生出「惺惺相惜」之感；如果對方不講理，滿嘴強盜邏輯甚至口出穢語，你可能會七竅生煙，有「約架」的衝動。

但這種爭論未必是浪費口水，至少，它絕對會增進你對體育的瞭解。再者，如果爭論雙方真的相持不下，爭了一年又一年，那麼，其實他們都得到了正確答案！

在足球領域，最熱門、最持久的爭論應屬「比利和馬拉度納誰是歷史最佳（或誰更偉大）」，無論國內國外皆是如此。我自然不能免俗，以前在《全體育》上也撰稿涉及此話題。20 世紀末國際足聯辦了個「世紀最佳球員」的網路評選，結果馬拉度納得票過半，比利不到 20%。國際足聯覺得網路投票「不可靠」，另組織了一個由記者參加的評選，這次比利以超過 70% 的得票當選。兩人各得一獎，卻鬧得各方都不愉快。

關於比利和馬拉度納的高下之爭，不同年代的人會有不同立場。不管是球迷、球員還是專家，評判球星時都會傾向於自己的所見所聞。如果 1980 年代才開始看球，對馬拉度納的評價多半會超過比利，畢竟比利對他們而言只是一個傳說。而那些有幸看過比利踢球的，對比利的崇拜會先入為主，馬

梅西、C羅與金球獎

拉度納也無法改變他們的看法。事實上，不同時代的球員，本就無法直接進行比較，既然「挺貝派」和「挺馬派」旗鼓相當，且都說服不了對方，不正說明比利和馬拉度納同樣偉大嗎？足球比賽沒有並列冠軍，但在足球的名人堂裡，並列冠軍無傷大雅。

如果把「相持不下的爭論」視為「對彼此的肯定」，那麼我們在網路或現實論戰中想必會豁達許多。中文足球論壇上，僅次於「比利VS馬拉度納」的熱門話題，恐怕就是「羅納度VS席丹」了。這其實旁證了，羅納度和席丹是「70後」球員裡最燦爛的兩顆星，不分高下。

毫無疑問，羅納度的天賦在席丹之上。當羅納度20歲成為世界足球先生、21歲成為最年輕的金球獎得主時，長他4歲的席丹剛從法國波爾多轉會義大利尤文圖斯，連巨星地位都未取得。直到1998年夏天，26歲的席丹以世界盃決賽的兩個進球拿到了金球獎，才真正成為世界級巨星。那屆世界盃羅納度雖未奪冠，但仍以4進球3助攻當選MVP。此後羅納度長期休戰，席丹「後程發力」，當他2001年夏天以6600萬美元的創紀錄身價從尤文圖斯轉會皇馬時，羅納度在病榻上已經躺了一年有餘，幾乎被足球圈遺忘。

2002年，席丹以一腳石驚天驚的左腳凌空抽射為皇馬帶來第9個冠軍盃，聲譽達到巔峰。但之後一個月，復出後的羅納度神奇地在7場世界盃中攻入8球，助巴西拿到世界盃第五冠，並在當年再拿金球獎。縱觀兩人職業生涯，羅納度兩金球一銀球一銅球，席丹一金一銀一銅，世界足球先生兩人各拿三次，在同輩球員中都屬翹楚。兩人並列「70後冠軍」如何？相信這兩位彼此交好的巨星也會欣然首肯。

「80後」球員，自然輪到梅西和C羅爭鋒了。同為「80後」的小羅納度和卡卡亦曾一枝獨秀，但留在頂峰的時間稍短了些，尤其是小羅，2004年成為世界足球先生，2005年拿到金球獎，2006年登頂歐冠後便星途急降，著實令人惋惜。當卡卡2007年捧起金球時，C羅列第二，梅西排第三，標誌著後兩人的崛起。此後的2008年、2009年和2011年，梅羅二人都包辦了金球獎前兩名。梅西和C羅誰更強，也成為當今足壇的最熱論題。既然這個爭論持續了這麼多年，至少證明梅西和C羅是當今足壇最強兩人。那麼兩

人是否會並列「80 後」冠軍？現在下結論太早，不過須注意兩點，一是梅西年輕了兩歲，二是連奪金球後聲望略超 C 羅。您可以問問周圍的球迷：「梅西和 C 羅誰更好？」我相信選梅西的不會低於 7 成。

當梅西打破穆勒紀錄之時，不少人將他與比利、馬拉度納相提並論，甚至連阿根廷都有人認為他其實勝過馬拉度納，當然強烈反對的也不少。可想而知，這個爭論還會持續下去。如果在梅西退役之時，這個問題仍然在中文或國外論壇上經久不衰，這或許意味著，梅西真的可以與比利、馬拉度納平起平坐了。

跟著球評看世足：骨灰粉都不一定知道的足球史

梅西、C羅與金球獎

▍程序決定民主優劣

文／駱明

梅西連續第4次拿到金球獎，在中國也是個大事件，《新聞聯播》報導了此事，央視新聞頻道的《世界週刊》節目還製作了16分鐘的梅西專題。只要不是C羅或皇馬的球迷，都會為梅西的成就叫好，但也有不少人覺得「審美疲勞」。一個人連拿4屆金球，讓金球獎喪失懸念，確實不太「好玩」，如同「西超雙雄」的壟斷，讓西甲喪失觀賞性一樣——雖然西甲在歐足聯排行榜上高居第一，但群雄並立的英超獲得了更多的關注。

話說回來，2012年梅西已經不那麼「壟斷」了。2011年，他先拿歐洲足球先生，後拿國際足聯金球獎，但2012歐洲足球先生歸屬了他的巴薩隊友伊涅斯塔。這是1960年路易斯‧蘇亞雷斯捧得金球獎後，西班牙的第一位足球先生。與梅西以絕大優勢奪得金球不同，伊涅斯塔在歐洲足球先生中勝得驚險。歐洲53國記者的現場投票中，伊涅斯塔得了19票，而梅西和C羅各為17票。而如果沒有現場投票環節，像以往的金球獎那樣只統計記者第一輪投票的總分（每票可填5人），歐洲足球先生將歸屬C羅！

以上事實證明了一個常識：投票不光「民主」就可以，其程序會大大影響結果。在歐洲足球先生評選中，第一決定因素是投票時間，歐洲足球先生在賽季末評選，這讓參評球員所獲「冠軍」更加重要。伊涅斯塔能當選歐洲足球先生，得益於投票時間離歐洲盃結束不久。相反，梅西參加不了歐洲盃，且在2011～2012賽季只拿到國王盃，故未能在此項評選中脫穎而出。在歐洲足球先生評選中，另一個決定性因素是2011年創始時特設的「現場投票」環節，第一輪投票先產生前三名，再由記者評審現場定奪。眾所周知，西班牙精英球員太多，小白（伊涅斯塔）、哈維、卡西亞斯等三連冠功臣各有殊功，反而在先生評選中互相牽制。現場投票環節，讓伊涅斯塔不用面對西班牙隊友的競爭，這對他圓夢至關重要。

還有一個重要因素是「標準」。金球獎揭曉後，《米蘭體育報》評論員德卡洛撰文稱：「如果你們不願意看到梅西金球十連冠，那就得期盼一點變

化了。從金球獎和世界足球先生合併以來，我們所知道的評判標準就發生了改變。以前是需要評判球員個人以及所在球隊的整體表現以及成績，而如今這個新金球更像是對一個球員綜合素質和表現的認同。」為金球獎投票的義大利媒體評審正是《米蘭體育報》的保羅·孔多，他投的三人依次是伊涅斯塔、C羅和皮爾洛，沒有梅西，顯然是個人表現和集體榮譽兼顧。德卡洛的評論，似乎是對同事投票的解釋。

　　《米蘭體育報》同仁的疑問，也正是我的困惑。金球獎由《法國足球》獨立運作時，評審不到百人，該刊會告訴評審一個詳細標準：①這一年的個人表現和集體表現（贏得的獎盃數）；②水準（才華＋公平競賽）；③職業生涯；④個性、品質以及對隊友、俱樂部和國家隊的影響。投票的記者們還需寫上一段不少於10行的評語，《法國足球》雜誌在公布選票時，也會摘要節選評審的評語。

　　但在金球獎與世界足球先生合併後，所有國際足聯成員國都有記者評審參選了。此外《法國足球》還得公布隊長和教練的選票，雜誌空間有限，故而記者不用再寫評語。甚至標準也大大簡化為「場內外的體育表現和總體行為」。說實話，與原標準相比，現標準過於寬泛、空洞，而教練和隊長投票時，更是連標準都沒有，於是出現了大量的人情票。例如中國隊主帥甘馬曹，2011年把卡西亞斯排第一，2012年選票上三人又全是西班牙同胞，其公正性著實不敢恭維。

　　無論如何，「沒有標準」也是標準。梅西當選金球，如同德卡洛所說，「是對梅西綜合素質和表現的認同」。與金球獎相比，年度最佳陣容的評選就像個鬧劇，西甲球員包攬並無問題，畢竟現在是皇馬和巴薩領風騷的時代，問題是部分球員的年度表現實在有負眾望。尤其是阿維斯，在巴薩的表現飽受批評，在國家隊又寸功未立，焉能進此陣容？皮爾洛幫助尤文圖斯以不敗戰績奪得義甲冠軍，又率領義大利隊闖入歐洲盃決賽，卻未入最佳陣容，實在令人無語。goal.com網站的評論很犀利，「4.5萬張選票都不能為皮爾洛拉到足夠的投票，這個事實讓你對『民主』喪失了信任。」

梅西、C羅與金球獎

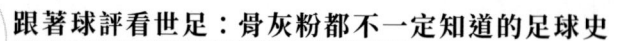

這個事例再次證明，沒有程序正義，民主將失去意義。年度最佳陣容由國際職業球員協會組織全球 4.5 萬名球員參選，並到各俱樂部讓球員現場投票，這個工程不可謂不浩大。但這些球員投票時是否認真？在訓練的間隙，迅速寫上 11 個人名，他們有足夠的時間思考嗎？他們平時看的比賽夠多嗎？他們選的恐怕不完全是年度最佳，而是「我心目中的最佳」。

92 歲的雅克・費朗，是唯一在世的經歷過金球獎誕生過程的前《法國足球》編輯。他解釋了當年為什麼讓記者們來評金球獎，「我們認為有資格評選最佳球員的評審應該是那些經常觀看比賽的人，無疑記者是最佳選擇……同時我們對記者的客觀性有信心，他們承擔自己的責任。相反教練和球員投票更有可能傾向於自己的球員或隊友。」

真的很佩服《法國足球》的「先鋒」們，他們在數十年前，已經預料到教練和球員投票的缺陷。這也說明，「民主」的制度設計是多麼重要。

「專業人士」的不專業投票

文／駱明

2013 年 3 月，國際足壇的主旋律是世界盃預選賽，但一位俱樂部主帥搶走了不少風頭，他就是穆里尼奧。狂人賽季末將離開皇馬的傳言甚囂塵上，而他對國際足聯的炮轟更令業界驚愕。穆里尼奧咬定「國際足聯篡改潘德夫選票」；國際足聯出示馬其頓足協傳真件，稱潘德夫投的是博斯克；潘德夫卻稱傳真件上並非自己簽名。這樁嘴上官司至今沒有正式了結，但可以肯定，馬其頓足協傳回的這張選票，並沒有展現潘德夫的本意。仔細比照，代潘德夫投票的人可能是個英超迷，最佳教練把曼奇尼放在第二，金球獎把范佩西放第二。

紛紛擾擾中，不少人懷念起老金球獎。過去，《法國足球》雜誌組織全球記者投金球獎，各國主帥及隊長為國際足聯選世界足球先生。2010 年，兩獎合為國際足聯金球獎。對於兩個投票群體，向來有兩派意見：一派挺記者，為金球獎的合併痛心疾首；一派挺將帥，認為「記者的專業性怎麼比得上職業人士」。

作為金球獎的中國媒體評審，筆者承認，在足球的專業性上，無論是幾內亞、赤道幾內亞、幾內亞比索還是巴布亞紐幾內亞的主帥和隊長，都可以「甩筆者幾條長安街」。但這是否意味著主帥和隊長的投票比記者更權威更專業？「潘德夫選票事件」證明，事情並不這麼簡單。投票過程的諸多差異，決定了選票的「專業」與否。

（1）記者評審陣容穩定，不輕易更換，如本人已履行此職責 6 年，熟悉評選標準和流程，從年初便開始觀察熱門人選。而主帥和隊長飯碗朝不保夕，年初時都不敢確保自己年末的投票權，因為每年有大批「新人」加入。

（2）既然是評年度獎項，必然要考慮球員全年表現。記者們有跟蹤全年重要比賽的義務，而主帥和隊長沒有。主帥最重要的任務是考察本國球員和偵察對手。更有很多球員直言，業餘時間從不看球。

（3）負責收集記者選票的是《法國足球》總編，他透過祕書與所有記者評審直接接頭，一次電郵往來即投票妥貼。而國際足聯無法直接拿到隊長和教練的選票，需要各國足協相助，每年都有數十國的票無法回收或過期作廢。中間環節太多也可能造成選票失真，潘德夫選票便是一例。中國足協外事部也屢有越俎代庖之作，如 2005 年世界足球先生，中國隊主帥朱廣滬和隊長李瑋峰「不約而同」選擇了三名 AC 米蘭球員：舍甫琴科、馬爾蒂尼、卡卡。2010 年這一幕重演，中國隊隊長和教練選票上寫的都是哈維、梅西和佛蘭，高洪波事後明確否認他投了哈維。

（4）記者投票標準嚴格。每年開投前，《法國足球》雜誌給記者評審的郵件中都會列出投票標準：「球員當年的表現，包括個人和集體（即獎盃）。如有必要，還可參考其水準、個性和職業生涯。」國際足聯評選的年頭也不短了，從 1991 年至今已有 22 屆，居然從未給隊長和教練制定過任何標準，堪稱奇談。

（5）國際足聯金球獎合併的第一年，記者評審可從候選名單上任意選擇，而主帥隊長不得選取同國人士，當年評選還有一些主帥隊長的票因此作廢。為何有此「歧視」？只因記者素以客觀中立為最高準則，過往投票也未見徇私者。而主帥隊長投票難免沾親帶故：不准投本國人，就投俱樂部的熟人吧！

後來國際足聯取消了「不能投本國人」的規則，於是人情票愈發昌盛。如中國隊主帥甘馬曹，2012 年投了三個本國人：伊涅斯塔、哈維和卡西亞斯。在歐洲盃之年，這麼選可以理解，但他 2011 年選的也是這三位同胞（順序為卡西亞斯、哈維、伊涅斯塔），這就有點過了。這種選票俯拾皆是，如梅西 2012 年選了三個隊友：伊涅斯塔、哈維、阿奎羅。C 羅去年投票前曾號稱「如果可以投自己，那麼我會投自己一票」。顯然他當時不知道，他的確可以投自己，後來他索性把投票權交給隊友布魯諾・阿維斯，而阿維斯的選票第一位當然是 C 羅。

看完這五個差異，您還覺得教練和隊長比記者的投票更「專業」嗎？公平，必須由公平的程序來保證。讓國際足聯金球獎重新分家並不容易，但在

「潘德夫選票事件」之後,國際足聯至少應該革新一下主帥和隊長的投票方式了。

足球最好的時代，至少是「之一」

文／駱明

有個話題永遠是球迷網路論戰的熱門，那就是跨時代足球的比較，例如可以再辯一百年的「比利和馬拉度納誰更強」。在這類話題上，球迷大致可分為兩派：一派是「厚古薄今」，他們會說「梅西怎麼能和羅納度（不是C羅）比」；一派是「厚今薄古」，在他們眼裡，哪怕沒有世界盃，梅西也早已超越馬拉度納。一般來說，「第一印象」非常重要，例如看席丹長大的球迷，會看低馬拉度納，自然是「厚今薄古」，等他們成了老球迷，可能又相對輕視C羅和梅西這一代，升為「厚古薄今」派。

我一般儘量避免捲入這種跨時代的爭論，因為這種「關公戰秦瓊」注定沒有結果，徒費口水。但最近兩年，我漸漸有了種感覺，現在的這個時代不尋常。這不是梅西和C羅引發的，因為各個時代都有這樣的「絕代雙驕」，如羅納度和席丹、馬拉度納和普拉蒂尼（或巴斯滕）、克魯伊夫和貝肯鮑爾、比利和尤西比奧、迪斯蒂法諾和普斯卡斯。

我們這個時代不只有梅西和C羅，還有伊布。過去10年，伊布縱橫荷義西法四大聯賽的6家豪門，拿了9個聯賽冠軍。但畢竟瑞典隊實力有限，伊布在最重要的俱樂部榮譽——歐冠上又遲遲沒有建樹，這讓他頂多是一位「世界級球星」，注定無法達到梅西和C羅級別。很奇怪的是，伊布去巴黎本是「下嫁」，但他在國際足壇的美譽度卻穩步提升，週復一週地在俱樂部和國家隊貢獻神作，讓「奉先」（伊布）擁有了大批粉絲。單論高難度進球的數量、質量和想像力，無論是蠍子擺尾、連過數人還是驚世倒勾，伊布在足球史上絕對名列前茅。

2013～2014賽季，另一位球星讓全世界球迷睜大了雙眼，那就是蘇亞雷斯。2012～2013賽季，他本就是英超最佳的候選，只是咬伊凡諾維奇之舉讓他一時身敗名裂。本賽季解禁復出後，蘇亞雷斯有天神般的表演，率領實力有限的利物浦強勢復甦。若論個人能力，他絕不遜色於英超歷史上任何一位球星。坎通納、博格坎普、亨利、魯尼、C羅、法布雷加斯，這些英超

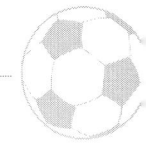

過往的旗幟人物都是歐洲人，從沒有一位南美球星，以如此魔幻的球風令英超瘋狂。

當然，不能因為伊布、蘇亞雷斯與梅西、C 羅爭鋒，就認定這個時代多俊傑，畢竟羅納度和席丹的時代，同時也有里瓦爾多和小羅納度等超級巨星。最不可思議的是，擁有超群能力的伊布和蘇亞雷斯，在金球獎評選中名次一直不甚理想。伊布一直進不了金球獎前五，直至 2012 年，各方造勢之下，他終於排到了第 4。蘇亞雷斯在金球獎上更是寸功未立。這只能證明，我們有幸生活在球星輩出的年代。

這兩年，每隔半年便能見到一次超級個人演出。2012 年歐聯盃決賽，法爾考以兩個單挑防線的進球梅開二度，助馬競 3：0 力克畢爾包，當時我在微博中讚道：「多年來第一次在一場決賽中看到如此凌厲的中鋒表演。」不料僅僅 3 個月後，法爾考又一次刷新了我的認知，超級盃決賽對切爾西，他上半場便獨中三元並兩中門框，馬競 4：1 大勝。更神奇的是，上述決賽 5 球都是左腳攻進，而在當年 12 月 6：0 大勝拉科魯尼亞一戰中，法爾考獨進五球，除一個頭球外，另外四球均是右腳踢進。不過，法爾考在 2012 年金球獎評選中也只排在第 5 位。更可惜的是，他為錢所誘，委身摩納哥，法國盃中在無名球隊的主場重傷膝蓋。希望他能創造奇蹟，趕上世界盃。

同在 2012 年的 11 月，伊布在對英格蘭的友誼賽中上演精彩大四喜，最後一球的遠程倒勾更是載入史冊。我當時還與人爭論過，「伊布四球與法爾考超級盃三球，哪個更可貴？」畢竟英瑞之戰只是場友誼賽，且英格蘭在領先後已經放鬆。一年後的 2013 年 10 月，伊布歐冠客場對安德萊赫特又來了次四球，包括那記令主場球迷叫好的禁區外凌空爆射。但在 2013 年 12 月，蘇亞雷斯有了超越伊布的作品，英超 5：1 勝諾里奇城，蘇亞雷斯四射一傳，這四個球個個經典：35 公尺外吊射死角、凌空飛身掃射、挑球人球分過後勁射、直接任意球入死角。在我記憶中，從未有哪位球星能在一場比賽中奉獻如此多的佳作，哪怕是梅西和 C 羅。

說了這麼多，還沒有說到 2013 年夏天創造世界足壇身價紀錄的貝爾，以及實際身價去他不遠的內馬爾；還沒有說到西班牙的黃金一代——哈維、

伊涅斯塔、大衛・席爾瓦等足壇精靈,他們親身經歷了史上最佳俱樂部之一巴薩和史上最佳國家隊之一西班牙;還沒有說到無敵拜仁的羅貝里……。雖然網上總有人感嘆「現在球星不如以前」,但我確信,我們正處於足球史上最好的時代,至少是「之一」。

世界盃，梅西還有兩次機會

文／駱明

梅西手捧世界盃金球獎，意興闌珊，沒給頒獎人好臉色看。別人也不客氣，不少名宿對他當選最佳球員提出質疑，連布拉特主席都對國際足聯技術小組的決定表示「意外」。話說回來，此獎若不給梅西，該給誰？

為羅本和J羅鳴不平的人最多。J羅以6球成為最佳射手，還貢獻了2個助攻，但必須看到，他的前四場，並沒有遇到頂級強隊的考驗（八強決賽，烏拉圭隊蘇亞雷斯停賽），四強決賽遇上巴西隊，他被對手的強力阻擊所遏制，終場前的罰球只是個安慰。

羅本的表現與梅西絕對在同一等級，但並未超出。兩人的小組賽都盡善盡美，八強決賽，羅本終場前製造關鍵罰球，梅西為迪馬里亞送上關鍵助攻。四強決賽，羅本製造4張黃牌，梅西則屢有妙傳，策動了致勝進球。半決賽，羅本和梅西正面對壘，保守的兩隊都是8防3，限制了兩人空間，羅本好不容易殺入禁區一次，被馬斯切拉諾飛鏟阻攔，梅西則是一次右路強突後傳中，可惜妙傳被馬克西浪費。至於最後一戰，羅本對陣心神不寧的巴西隊，梅西對陣志在奪冠的德國隊，實無比較意義。無論如何，梅西還是決賽中阿根廷隊最具威脅性的球員。

真正可惜的是德國隊球員。德國隊有四人入選金球獎10人名單，最有希望的穆勒和克羅斯都在決賽中功虧一簣（另兩人是胡梅爾斯和拉姆）：穆勒只要再進一球，足可金球金靴雙殺，但他在決賽中無射門，只有2次越位和1次解圍；克羅斯對巴西一戰有神級發揮，一躍成為金球獎潛力股，但決賽中回頂險釀大錯，兩腳遠射也綿軟無力。

本屆阿根廷8球，梅西進4個，助攻1個，製造1烏龍，策劃1球，球隊對其依賴程度實屬罕見。但他捧金球仍引發不滿，歸根結底是人們的期望值太高了。荷蘭隊大賽前就沒被當成熱門，范加爾甚至生平第一次低調防反，於是羅本每帶荷蘭前進一步都是加分，而對梅西的要求只有「冠軍」，最好「一己之力」──這並不實際，無論在阿根廷還是巴薩。在巴薩的表現助他

四拿金球,那是因為瓜迪歐拉打造了最適合他的戰術。當巴薩陷入低谷,他也不可能一個人拯救,如同上賽季西甲收官戰,主場拿下馬競就能加冕,卻最終無力回天。

梅西在本屆世界盃很多時候已有「一己之力」的意思,如同在巴薩時也曾「獨力」斬落兵工廠和 AC 米蘭。但到了決戰時刻,面對戰術嚴謹的頂級強隊,一人決勝並非易事。縱是克魯伊夫和馬拉度納這樣的時代王者,在世界盃決賽中三遇德國隊(1974 荷德、1986 和 1990 德阿),也都沒能進球。另一王者比利留下兩屆完美的世界盃決賽,共入三球,但他身處一個超級明星團隊,明顯蓋過對手。1958 年的瑞典與巴西不是一個量級。1970 年的義大利,半決賽經過延長賽 4 比 3 苦勝德國,耗盡心力,決賽下半場連丟 3 球,1:4 負於巴西。

當然,梅西的這支阿根廷隊明星也不少。世界盃前一月,法國名宿德塞利說:「不管梅西是否處於巔峰狀態,阿根廷隊作為一個集體都可以奪得世界盃。我看過沒有梅西的阿根廷隊,你會發現,梅西並不是特別關鍵的球員。」此話有點誇張卻非謬談,薩韋利亞上任後,阿根廷面貌一新,攻擊線有神奇四俠,中場有馬斯切拉諾和加戈坐鎮,預選賽漫卷南美——看看本屆的哥倫比亞、智利等隊,就知道南美區預選賽有多難打,蘇亞雷斯和卡瓦尼的烏拉圭隊都得去打附加賽。

命運與阿根廷人開了個玩笑。就在世界盃前,雙鋒阿奎羅、伊瓜因以及中場加戈都在聯賽中受傷,雖勉強復出,本屆盃賽均狀態不佳。到了四強決賽,迪馬里亞又受傷下場,沒了「天使」的犀利突破,阿根廷此後竟一球未進!重擔全壓在梅西肩頭,可他身體也非處於最佳狀態,在巴薩時便頻頻嘔吐,世界盃的連場延長賽讓他不堪重負,決賽中被捕捉到捂著大腿的細節。在眾將遭遇傷病侵擾的不利局面下,薩韋利亞轉攻為守,最大程度地榨出了這支阿根廷隊的潛力,證明了教練的重要性。

世界盃後一大疑問是:梅西還有沒有機會捧起世界盃?梅西並不老。2018 年的俄羅斯,1987 年出生的他才 31 歲,迪馬里亞和阿奎羅(1988)30 歲。那梅西和天使屆時還能風一般地突破嗎?不妨看看本屆荷蘭隊,領銜三

傑范佩西（1983年）、羅本（1984）、斯奈德（1984）。正好比梅西大上4歲，曾飽受傷病困擾的羅本，30歲後到達又一巔峰，率領荷蘭隊首創不敗紀錄。

如果梅西有雄心、少傷病，2022年世界盃都可一戰。看看1994年世界盃，馬拉度納巔峰早過，但34歲之齡仍舉足輕重，他一停賽阿根廷便偃旗息鼓。同在34歲，席丹率領法國隊殺回世界盃決賽。梅西近年已嘗試轉型組織角色，助攻數和進球數一樣恐怖，他的精妙傳球，頗有隊友哈維之風采，薩韋利亞在阿根廷隊也將前腰位置賦予梅西。以梅西的意識和腳法，35歲出征卡達，即使不是支柱、箭頭，哪個對手敢掉以輕心？

梅西還可能有兩次機會，但阿根廷隊能否捧起世界盃，一個好教練比梅西更重要。阿根廷隊21年大賽無冠，昏庸的足協主席格隆多納絕對要占「頭功」，但願他還能碰中薩韋利亞這樣合適的教練。如果領頭的是西蒙尼式主帥，阿根廷隊沒有梅西也可爭冠；如果是上屆世界盃的馬大帥，三個梅西也無濟於事。

跟著球評看世足：骨灰粉都不一定知道的足球史

梅西、C羅與金球獎

金球獎大戰，C羅復刻2010梅西

文／駱明

2014年12月1日，2014年國際足聯金球獎前三公布，C羅、梅西和諾伊爾在列。諾伊爾能否打破C羅和梅西對金球獎長達6年的壟斷？

德國黃金一代終於完成了奪得世界盃的心願，但他們卻很可能錯過終極個人榮譽：金球獎。而捧起金球獎的，或許是一位在世界盃上表現平平的球員——2014年的國際足聯金球獎，幾乎就是2010年的翻版。

2010年，西班牙隊首度加冕世界冠軍。當年金球獎23人候選名單上有多達7位「鬥牛士」。2014年德國時隔24年再捧大力神盃，在金球獎23人中，德國也占了6位。問題在於，德國隊是團隊勝利的極致。西班牙人雖然星光平均，但至少哈維和伊涅斯塔相對突出。德國隊則全面開花，拉姆、克羅斯、穆勒、諾伊爾和施魏因斯泰格實力相當，只有決賽進球功臣格策的整體貢獻稍遜一籌。雖然歐足聯主席普拉蒂尼日前表態，金球獎應在德國隊球員中產生（如同2010年他希望哈維得獎），但德國球員互相分流選票，任何一人都很難脫穎而出，如同世界盃最佳球員獎項（即世界盃金球獎）歸屬梅西。

不過，梅西被國際足聯技術委員會評為世界盃最佳，並不意味著他在國際足聯金球獎中占據優勢，雖然2014年是世界盃之年。2014年8月的歐洲足球先生評選中，梅西甚至連前三都沒進——該獎項三甲為C羅、羅本、諾伊爾。綜合考量俱樂部和國家隊的表現，羅本堪稱2014年發揮最均衡的球員（如同2010年他的同胞斯奈德），在拜仁時有力挽狂瀾的演出，在世界盃上又率荷蘭隊拿到季軍且首次不敗完賽。但羅本號召力仍難以抗衡C羅和梅西，且拜仁的德國雙冠王欠缺影響力。諾伊爾當選歐洲先生前三更證明了德國人之平均，因為他連世界盃最佳球員的10人候選名單都沒進。諾伊爾在世界盃上扮演「門衛」角色引人矚目，但畢竟不是德國新控球風格的代表。如同卡西亞斯當年也曾三屆大賽淘汰賽不丟球，卻很難代表西班牙隊衝擊金球獎。

金球獎大戰，C 羅復刻 2010 梅西

C 羅是 2013 年金球獎得主，又當選歐洲足球先生，顯然應該是今年國際足聯金球獎的頭號熱門——雖然他在世界盃上只進了一個球，葡萄牙小組賽後也告出局。2010 年的梅西已經有過先例，那年世界盃阿根廷止步八強，梅西一球未進，他仍然憑藉下半年的不間斷進球在金球獎爭奪中勝出。

不過 C 羅和 4 年前的梅西還是有些差別，那就是他拿到了今年僅次於世界盃的集體榮譽——歐冠。皇馬第十冠意義非凡，C 羅更創造了單賽季 17 球的驚人紀錄。梅西 2010 年也是歐冠和西甲的雙料射手王，但那年他的團隊榮譽只有西甲冠軍，對於前一年的六冠王巴薩來說已算失色。2010 年，梅西在記者選票中只列第四，是憑藉國家隊主帥和隊長的選票衛冕金球成功，而今年梅西若想挑戰 C 羅，仍然需要主帥和隊長們的幫忙，因為歐洲足球先生的結果已經暗示，C 羅不需要世界盃也能得到記者們的青睞。

縱觀 2014 年的球員英雄譜，上半年堪稱 C 羅和迪馬里亞雙星閃耀。C 羅受傷病影響，表現不如 2013 年下半年，國王盃決賽 C 羅不在，迪馬里亞和貝爾聯手制勝，歐冠決賽，迪馬里亞又成為當場最佳。但「天使」世界盃中途受傷，對阿根廷和其本人都是雙重打擊，新賽季投奔蟄伏中的曼聯，更讓他金球獎難攀高位。

世界盃上，梅西、羅本和德國眾將實力相當，但梅西和羅本對球隊的決定性作用稍勝德國眾將。而新賽季的走勢對 C 羅有利，在拉票的最緊要關頭，他頻頻進球，總能搶占頭條。雖然梅西位置後撤後，助攻數甚至多於進球數，因此像以往那樣直接比較梅西和 C 羅的進球數並不那麼科學。然而在個人獎項評選中，進球多的球員總是更占便宜。

2010 年，西班牙在個人獎項上還有一遺憾：博斯克在最佳教練的評選中輸給了穆里尼奧。世界盃後德國隊的低迷表現，對勒夫不是一個好兆頭，好在他沒有像 2010 年穆里尼奧那樣強勢無雙的競爭對手。安切洛蒂完成了皇馬歐冠十冠，但就成績的難度來說，西蒙尼比他更勝一籌，率馬競在西甲打破西超壟斷，在歐冠決賽中離勝利又只差幾秒。如果勒夫能最終折桂，德國足球的 2014 年已足夠完美。

「門衛」的好運

文/駱明

　　每到金球獎評選季，爭論永遠少不了。與往年一樣，C羅和梅西是不變的主角：有歐冠冠軍和一系列進球紀錄在手，C羅風頭明顯勝出梅西；梅西在世界盃上被評為官方最佳球員，但世界盃決賽錯失單刀，留下了永遠的遺憾，爭奪金球的呼聲也弱於往年。2014年11月下旬，他以連續帽子戲法成為西甲和歐冠進球王，不過這時國際足聯金球獎的投票已經結束。

　　能與C羅、梅西一爭高低的，只有德國隊成員了。以歐足聯主席普拉蒂尼為代表的一些名宿認為，世界盃是2014年國際足壇最重要的榮譽，金球獎應頒給德國人。皇馬上下為此對普拉蒂尼非常不滿。其實，普拉蒂尼4年前就表達過類似觀點，2010年金球獎歸屬梅西，但普主席認為，世界冠軍西班牙隊的核心哈維理當獲獎。

　　最終，德國門神諾伊爾與C羅、梅西一道站上了金球獎三甲伸展臺，這已是他第二次與C羅同臺。世界盃後的歐洲足球先生評選，他也進了前三，在歐洲記者的現場投票中，他名列第二，輸給C羅但領先隊友羅本。作為世界冠軍，德國球員理當獲得承認，但對諾伊爾成為德國隊「代表」，筆者持保留意見。

　　諾伊爾在德國隊奪冠的征程上，有哪些關鍵表現？他的支持者一定會馬上指出世界盃八強決賽對阿爾及利亞，或許還會提一下四強決賽對法國。對阿爾及利亞一戰諾伊爾的表現確實引人矚目，他在禁區外觸球19次，創造驚人紀錄。但這場比賽的說服力畢竟有限，事實上，德國隊進入延長賽只是運氣不佳，因為對方門將姆布勒希太過神勇，賽後被評為官方本場最佳的是他而非諾伊爾！對法國一戰諾伊爾表現不錯，不過德國隊在早早領先後一直固守後場，法國隊進攻乏力，諾伊爾無須處理什麼高難度的來球（如單刀）。

　　平心而論，諾伊爾在2014世界盃上的表現，與前幾屆大賽的門神有一定距離。2010年世界盃，卡西亞斯淘汰賽一球不失，四強決賽對巴拉圭撲出關鍵罰球，決賽又兩封羅本單刀。2006年世界盃，布馮全程只丟了一個詭異

烏龍和一個罰球,決賽中若非他力撲席丹罰球,義大利恐怕熬不到 PK 戰。2002 年世界盃,德國隊實力遠不如今日,純靠卡恩一路護駕淘汰巴拉圭隊和美國隊。

即使不與往日英豪相比,僅在本屆德國隊內部論功行賞,諾伊爾的座次也要打上一個問號。世界盃最佳球員十人候選名單,德國隊獨占四席(施魏因斯泰格、拉姆、克羅斯、穆勒),諾伊爾卻未上榜。這個名單由世界盃技術委員會的專家們擬定,他們未選諾伊爾,已證明他在德國隊奪冠歷程中並非最重要角色。這支德國隊與上屆西班牙有相似之處,都是以高質量的傳球控制場上局面,這是施魏因斯泰格、拉姆、克羅斯等傳球能手更受專家肯定的原因,如同西班牙隊的哈維和伊涅斯塔。而如果光看數據,最突出的當屬托馬斯・穆勒,他在世界盃上為本隊貢獻 5 球 4 助攻,為 1986 世界盃的馬拉度納(5 球 5 助攻)之後最多者。

諾伊爾沒有候選世界盃最佳球員,卻能代表德國隊上金球獎領獎臺,旁證了本屆世界盃的德國隊實力之平均。上屆世界盃冠軍西班牙隊同樣群星雲集,並因票數分流而無緣金球,但至少人們一提到西班牙隊,最先會想到哈維和伊涅斯塔。而這屆德國隊連哈維這樣的代表人物都不好找出,於是普拉蒂尼只能說他希望「一個德國人」得獎,而不像 2010 年直接點出哈維之名。諾伊爾因門衛角色獲得了極大的曝光度,最終成為上位的幸運兒。

雖然筆者對諾伊爾「代表德國」有異議,但對門將進入前三,卻是必須鼓掌。往日金球獎評選,防守型球員本就被忽視得太過,門將更是如此。如果沒有媒體幫忙,他們幾乎不可能出人頭地。1963 年雅辛捧得金球,1973 年佐夫名列第二,這都是「上古時代」之事。2001 年拜仁奪歐冠,2002 年卡恩獲世界盃最佳球員,但他這兩年都只能在金球獎評選中排第三。

上一個在金球獎進入前三的門將是 2006 年的布馮,他以微弱優勢壓倒亨利位列第二,僅次於義大利隊友卡納瓦羅。話說回來,布馮能排得這麼高,同樣離不開媒體之助。作為義大利隊長和後防中堅,卡納瓦羅一直是當年金球獎最大熱門,但在法國和義大利的宣傳戰中,布馮受到的支持更多,包括普拉蒂尼也出面力挺布馮。原因很簡單,世界盃後卡納瓦羅拋棄了尤文圖斯

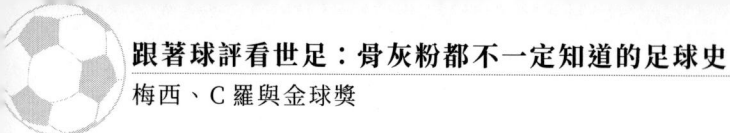

投奔皇馬,而布馮堅守尤文圖斯,這讓他得到了義大利媒體和尤文名宿普拉蒂尼的更多憐惜。

真正可憐的是皮爾洛。與諾伊爾的「門衛」相比,他的「拖後組織」在足球史上的意義有過之而無不及。2006 年世界盃,他三次當選全場最佳(諾伊爾 2014 年一次都沒有),堪稱義大利奪盃最大功臣之一,但在金球獎評選中僅列第 9——他的運氣比諾伊爾差太多。

C 羅敲門了，梅西的壓力大嗎？

文／駱明

當梅西 2013 年 1 月四捧金球時，大部分人都認可他是這個時代最傑出的球員，但 C 羅從未放棄努力，在一點點改變外界的看法。試想 C 羅如再接再厲，拿到第 4 座金球追平梅西，他在足球史上的地位一定會再度改寫。C 羅已經在敲門，梅西的壓力大嗎？

2015 年 3 月 23 日，巴薩主場對皇馬之戰，出現了足球史上從未有過的一幕：雙方主將都坐擁至少三個金球獎。2015 年 1 月 12 日 C 羅蟬聯金球，成就了這一奇觀。

在梅西和 C 羅之前，克魯伊夫、普拉蒂尼、巴斯滕都曾三捧金球，但他們從未在巔峰時代相遇。普拉蒂尼 1985 年完成金球三連冠時，克魯伊夫已退役一年半；巴斯滕 1988 年首捧金球也是在普拉蒂尼引退一年後。

梅西金球四連莊及 C 羅的金球帽子戲法都要感謝這個時代。金球獎最初只頒給歐洲球員，否則比利拿到三個金球自不在話下，這樣他會與克魯伊夫的金球歷程產生交集；馬拉度納也可前戰普拉蒂尼，後鬥巴斯滕。1995 年金球獎向非歐洲球員開放，才讓巴西人羅納度和阿根廷人梅西成了本時代的金球之王。

跟著球評看世足：骨灰粉都不一定知道的足球史

梅西、C羅與金球獎

C羅

2010 年金球獎與 FIFA（國際足球聯合會）的世界足球先生合併為「FIFA 金球獎」，客觀上助力了梅西和 C 羅的 7 年壟斷。若金球獎仍如以往一樣只由記者投票，2010 年金球獎將歸屬斯奈德或伊涅斯塔，2013 年金球獎會頒給里貝里，這樣梅西和 C 羅金球各減一座，數據將變成 7 年 5 金球。這在歷史上並非無先例：克魯伊夫（1971、1973、1974）和貝肯鮑爾（1972、1976）在 1971 年至 1976 年的 6 年裡共獲 5 金球，這對荷德天敵無疑是梅西和 C 羅之前足壇最偉大的瑜亮之爭。

不過，貝肯鮑爾 1976 年拿到金球時已經 31 歲，1977 年拜仁衛冕歐冠失敗後他便轉投紐約，從此與金球無緣；克魯伊夫在巴薩無法重現阿賈克斯時代的歐戰輝煌，也在 1978 年去了美國。而 C 羅和梅西的對抗遠沒有停止的跡象，兩人都未滿 30 歲，效力於當今收入最高的兩家俱樂部，身邊好手彙集，一年進五六十球輕輕鬆鬆。

當梅西 2013 年 1 月四捧金球時，大部分人都認可他是這個時代最傑出的球員，但 C 羅從未放棄努力，在一點點改變外界的看法。最近一年半他持續高產進球，即使中立派也經常承認他是「現在世界上最好的球員」。金球獎不是評價球星的唯一標準，如剛退役的亨利大帝雖無金球但成就勝過不少

金球得主，但試想 C 羅如再接再厲，拿到第 4 座金球追平梅西，他在足球史上的地位一定會再度改寫。C 羅已經在敲門，梅西「壓力山大」嗎？

當下形勢對 C 羅十分有利。巴薩正遭遇危機，梅西與路易斯·恩里克的關係不易緩解，又因轉會禁令未來一年無法買人，本賽季末主席大選也讓俱樂部的未來在風中飄。C 羅則與安切洛蒂惺惺相惜，安帥左右逢源，把皇馬打造成了溫暖的家。借 2014 年四冠之勢，皇馬在西甲安居榜首，歐冠中也與拜仁並列最大熱門。

梅西顯然不會坐視即將被 C 羅追上的事實。與一年前金球連冠終結後的心有不甘相比，梅西今年淡定了許多，對 C 羅獻上了得體的恭維，但 C 羅的成就一定會刺激到梅西。2014 年，足球圈一度對梅西的鬥志和身體狀況深表憂慮，尤其是上半年，他在不少比賽中有「散步」之嫌。最近幾個月，梅西狀態明顯回升，尤其是連破西甲和歐冠進球紀錄後，他漸漸恢復正常。2015 年 1 月 11 日的聯賽，面對馬競向來堅固的防線，梅西如入無人之境，製造了三個進球。哪怕 2014 年狀態起伏不定，梅西仍留下了 58 球 22 助攻，與 C 羅的 61 球 21 助攻相差無幾。

足球史上很多天才，或不夠自律而早衰（如小羅），或因傷病遺憾告退（如巴斯滕），或過早對踢球失去熱情（如普拉蒂尼）。但 C 羅和梅西同時擁有良好的職業精神、相對健康的身體以及超級強盛的慾望。梅西一年踢六七十場仍不喜被換或輪休，C 羅的好勝心更是有口皆碑，絕代雙驕的金球之戰，一時還看不到盡頭。

C 羅的劣勢是比梅西大上兩歲，但強健的身體和勤奮的鍛鍊有助他延長巔峰期（雖然去年上半年那樣帶傷作戰對身體損耗過大）。梅西年方 27，風一般的突破應能再持續數年，且過去一年，他嘗試轉型前腰，這利於他延長運動壽命。不利 C 羅的是在國家隊方面，葡萄牙人才斷層愈發明顯，阿根廷卻走出多年低迷，世界盃決賽失敗是梅西之憾，但能闖入決賽且當選最佳球員，已是梅西個人一大突破。梅西和迪馬里亞還能在黃金時期出戰一次世界盃，或在美洲盃上終結阿根廷隊 20 餘年無冠魔咒。

梅西、C羅與金球獎

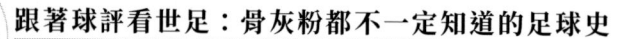

2015年1月11日,38歲的托蒂在羅馬德比中飛翔進球,留下霸氣自拍。與吉格斯、薩內蒂等「小將」一樣,狼王如此高齡仍保持高水準,得益於他長年安守羅馬,享受愛戴。C羅自稱從小即是皇馬粉絲,只要他不離開皇馬,輝煌更易長久。2月C羅年滿30,看看兩位皇馬前輩,他就會明白,他還大有可為。

金球獎1956年開評時,迪斯蒂法諾已過30,但他仍在31歲和33歲兩獲金球。普斯卡斯加盟皇馬時已近32,一年半沒踢比賽的他大腹便便,主帥卡爾尼利亞問:「我能拿這個胖子做什麼?」俱樂部官員答道:「讓他恢復狀態。」普斯卡斯在皇馬踢到39歲,8年裡262場攻入242球,場均0.92球,如此高的進球效率,直到黃金期C羅來後才被超過。

3:4,C羅和梅西的金球之爭,是剛進入下半場,還是到了終場決勝階段,抑或尚有一場延長賽好戲?我們等著,足球等著。

是誰製造了金球爭議？

文／駱明

C羅第二次捧走金球獎，這強化了一個事實：他和梅西是這個時代的絕代雙驕。奪金球難，二奪金球的難度則何止翻倍。近30年，只有三人實現此成就，除了1997和2002年的羅納度，就是當今的梅西和C羅了。

C羅的得獎過程引發爭議，但他的成就已載入史冊，畢竟他度過了偉大的一年，留下了69個進球。金球獎歷史上從不缺乏爭議，過去也有不少人曾為C羅錯失金球鳴不平，只是這次他成了爭議的得益者。那麼，爭議是怎麼產生的？爭議能否避免？

爭議源‧投票日期

此次金球評選，最大的爭議是更改投票截止日期的問題。國際足聯做出決定，是在世預賽附加賽次回合之前，其時梅西已受傷，里貝里所在的法國隊首回合0比2落敗於烏克蘭，出線形勢岌岌可危。而葡萄牙首回合憑藉C羅的唯一進球戰勝瑞典，進軍巴西在望。這時告知評審推遲投票截止日，傻瓜都知道對C羅有利。

C羅也很爭氣，11月19日國際足聯發出通知後數小時，他上演帽子戲法，幫助葡萄牙3：2客場力克瑞典出線，頓時從金球獎第三熱門升為頭號大熱。但即使借助投票推遲之利，C羅優勢仍然非常微弱，C羅1365分、梅西1205分、里貝里1127分。上次前兩名分差如此之小，要追溯到2000年，菲戈以197分戰勝181分的席丹。

無論投票或評選，「程序正義」是第一要則，如果國際足聯在原定投票週期中宣布回收選票太少、推遲截止日，大家還好理解。投票結束4天後，才突然宣布決定延長投票期，簡直匪夷所思。這時國際足聯肯定知道是誰領先──假設是C羅領先，再多些票也不會改變結果，為何要冒被各界批評的危險，推遲投票截止日？

梅西、C羅與金球獎

那麼，11月15日原定截止日時是誰領先？梅西受傷是11月10日，而推遲選票後，里貝里率法國隊出線，延長投票對里貝里的益處大於對梅西，但梅西票數仍優於里貝里，這也旁證：原本投票領先的是梅西。

梅西傷後，剛好去年最後兩個月不能參賽，而C羅進球聲勢正旺。恰逢FIFA主席布拉特在牛津大學演講時口不擇言開罪C羅，正急於和解，延長金球獎投票期成了順水人情。平心而論，如果梅西拿走個人第五座金球，爭議將比C羅得獎更大，畢竟他去年受傷時間太多。國際足聯是用一個爭議堵住了另一個爭議。

爭議源 · 投票標準

拋開程序正義問題，C羅2013年是否配得上金球獎？任何爭論，最重要的是確定標準。奇怪的是，作為「國際足聯金球獎」的合作評獎方，國際足聯公布的投票標準，和《法國足球》告知記者的竟然不同。

FIFA版本是「場上表現及場內外言行」，《法國足球》給記者評審的版本明確一些：「2013年俱樂部和國家隊的表現（尤其是重大比賽）、公平競賽及綜合水準。」這也解釋了為何在記者評審中梅西只列第三，畢竟他今年出色的「重大比賽」只有主場對米蘭和聖日耳曼，而C羅和里貝里無論在俱樂部和國家隊都有一系列大賽佳作。後兩人的最大差別是團隊成績，C羅無冠VS里貝里五冠，該如何定奪？

既然國際足聯標準對「團隊成績」本無要求，C羅當然配得上金球。不過，為何記者選票中里貝里第一？

2007年筆者第一次為金球獎投票時，《法國足球》即告知了嚴格的四條標準，第一條便是「這一年的個人和團隊表現（冠軍）」。個人獎項為何特地註明「團隊表現」？因為足球不是個人運動，溫格曾說過：「我不希望任何一人拿金球，我反對個人獎項，這與足球運動的本質相悖。」這正是老金球獎注重「團隊表現」的初衷——不能只刷個人數據。

雖然金球獎與國際足聯的世界足球先生合併，記者評審們仍恪守原來的投票標準，里貝里才會排名第一。這好比2010年金球獎評選，在記者選票

中斯奈德第一，梅西第四，但加上主帥和隊長選票後，居然變成了梅西第一，斯奈德第四。記者和主帥隊長的投票取向差異明顯，可記者票的效力只有 1／3，被完全稀釋，既如此，兩獎合併有何意義？

正是對 2010 年評獎結果不滿，普拉蒂尼在歐足聯自創了歐洲足球先生，與金球獎正面競爭，這讓《法國足球》和普拉蒂尼鬧得很不愉快。現在看來，《法國足球》的上級——隊報集團選擇與國際足聯合作，讓法國人硬生生少了一個金球獎，倒是普拉蒂尼的歐洲足球先生，讓里貝里不至於在輝煌的 2013 年錯過先生榮耀。

爭議源 · 投票流程

連續第二年，歐洲足球先生和金球獎出現分歧（2012 年伊涅斯塔和梅西）。值得深思的是，為何金球獎爭議如此之多，而歐洲足球先生頒發後幾乎沒有任何爭議？哪怕 2012 年伊涅斯塔當選歐洲先生時優勢極小（19 票對梅西 C 羅各 17 票），歐洲各界仍心悅誠服。

其實與世界足球先生合併前，金球獎也時有爭議。癥結在於，一年中最重要的決賽和冠軍都在上半年，先生評獎卻在下半年，而離評獎時間越近的表現，對評審的影響力更大，爭議往往由此而來。梅西和 C 羅這兩年都無重要冠軍，卻憑藉下半年的連續進球鎖定金球。而歐洲足球先生的評選是在賽季末，伊涅斯塔是 2012 年歐洲盃 MVP，里貝里剛奪得三冠王，他們借「團隊成績」之勢當選，人們自然服氣。

歐洲先生的另一特點是只讓記者參加。隊長和教練固然專業，可人情票滿天飛，透過足協回收選票更是多年老大難。看看 2013 年傅博和鄭智的投票，兩票中 6 人人選一樣，只是順序有變化。不可思議的是，最佳教練頭名填的都是穆里尼奧——中國足協代投的那位老兄，能不能敬業一點？

歐洲先生最精彩的創新舉措是，歐洲記者們選出前三之後，在頒獎當夜，再對三人進行現場投票，保證了投票的「時效性」。國際足聯只有一次投票，11 月投完，次年 1 月頒獎，如果中間兩個月發生重要變故呢？梅西受傷和 C

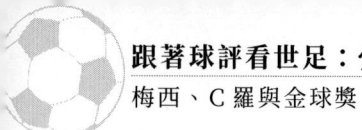

羅神勇,讓這一幕在 2013 年真的發生了。為何不在年底國際足總俱樂部世界盃(簡稱世冠盃)結束之後,再進行第二次投票?

歐足聯 2011 年創辦先生,逐年改進,漸臻完美。國際足聯 2010 年「吞併」金球獎,面對各種漏洞卻改進無方,令我等記者評審徒喚奈何。最後一個疑問:2014 年與國際足聯的五年合作到期後,隊報集團還願意繼續與其合作嗎?

名將與名帥

大羅，最偉大 9 號的 9 個片段

文／駱明

1.1993 年 5 月 27 日，大學入學考試在即的筆者，第一次看到了歐冠決賽的直播。比賽悶得令人髮指，28 歲的巴斯滕拖著傷腿寸功未立，此戰後憾別球場。一個月後的 6 月 20 日，巴西宿敵阿根廷 2 比 1 擊敗墨西哥，蟬聯美洲盃。當年 8 月，羅納度第一次為克魯塞羅出場，巴斯滕的最佳中鋒衣缽有了傳人，阿根廷隊則此後再未獲得過成年隊大賽冠軍。難道此乃天命？

2.回顧羅納度的代表作，一般人只會想起他在歐洲聯賽和巴西隊的進球。其實他在克魯塞羅出道不久已留下不少神球，留下影像記錄的有 1994 年解放者盃上對博卡的進球，他過半場處拿球，過掉三名後衛及門將後破門，當時他年僅 17。

3.1996～1997 賽季，「外星人」羅納度駕臨巴塞隆那，地球為之瘋狂。那一年他的 47 個進球，直到上賽季才被梅西追平。當時中國資訊尚不發達，《體壇週報》每週的「歐洲聯賽大搏殺」版面，西甲報導不過幾百字，電視裡看不到西甲比賽，只能每週看看皇馬和巴薩的進球鏡頭，但羅納度的威名迅速席捲全國。

羅納度

4.「又是羅納度！」1998 年 4 月 14 日聯盟盃半決賽次回合，莫斯科天寒地凍，國際米蘭球員戴著手套出戰斯巴達克。上半場國際米蘭 0：1 落後，下半場羅納度連入兩球，國際米蘭挺進聯盟盃決賽。第二球是經典的外星人入球，他突然起動，禁區內加速盤過兩名後衛，再晃過門將，將球送進空門。

雖然過去兩年，羅納度反覆上演這一場面，但次日中午，當筆者到達一家製版公司，把羅納度的表現順便告訴《體壇週報》總編瞿優遠時，瞿總當即決定：出書！以體壇的效率，不久之後，中國有了第一本羅納度專著——《羅納度畫傳》。

1998 年世界盃，我第一次採訪大賽，在巴黎郊外的巴西隊基地，第一次見到外星人真身。當時有趣聞一則：一次訓練，巴西隊主帥扎加洛讓球員們練習較弱腳，這讓羅納度無事可做——他雙腳同樣出色。

5.2000 年 4 月 12 日，羅納度最黑暗的一天。休戰 144 天後復出的他，僅踢了 6 分鐘，右膝韌帶便完全斷裂。國際米蘭主席莫拉蒂走進更衣室時，看到羅納度哭著喊「媽，爸」。莫拉蒂的心是不是快碎了？國際米蘭醫療組擔心他可能從此掛靴。羅納度迅速飛往巴黎接受手術，當時筆者正是《體壇週報》的義甲編輯，駐義記者不斷傳回令人揪心的消息，筆者無數次追問前方：他還能再踢球嗎？雖然筆者知道，誰也不能給出肯定答案。巴斯滕的苦難在前，筆者暗問蒼天：足球真的如此殘酷？

6.2002 年初，筆者的左膝受了重傷，屢次復出屢次再傷，筆者懷疑自己再也無法踢球。當時羅納度剛返足球場，也是傷病不斷重犯，他的奮鬥，激勵著筆者克服傷病。

2002 年 6 月 30 日，橫濱，世界盃決賽前，記者們開始票選最佳球員。當時覺得這獎很無厘頭，決賽前投票有意義嗎（最後得主是卡恩）？不過筆者還是把寫有「羅納度」的選票投進了票箱。第 90 分鐘，梅開二度的羅納度被換下，記者席上一人率先起立鼓掌，馬上得到了所有記者的響應。羅納度又流淚了，這次是幸福的淚。

7. 2002年世界盃8球奪冠是羅納度的巔峰成就，但巴西隊主帥斯科拉里和國際米蘭教練庫珀的結論相同：這只是70%的羅納度。斯科拉里更斷言，羅納度永遠不可能恢復到百分百。他的話基本正確。

2003年應是羅納度傷後的最佳一年。4月23日客場對曼聯，60分鐘裡，羅納度兩記遠射，一次搶點，獨中三元。被換下場時，主場球迷起立鼓掌，這或許是羅納度的最佳戰役。但我覺得，那一年的最後一月，羅納度先後對奧薩蘇納、馬競和馬洛卡上演「千里走單騎」，這才是他傷後的巔峰。可惜，2004年春季皇馬三線大崩盤，羅納度從此與銀河戰艦一起沉沒。

8. 2005～2006賽季，羅納度受傷7次。當他大腹便便地來到德國時，「肥羅」之名在中國不脛而走。但《體壇週報》國際部有個不成文的規矩：不用這個有侮辱色彩的綽號——對於一個為足球付出太多的人，不能恩將仇報。

就是這樣身體不達標的羅納度，踢了5場比賽後，即以3進球1助攻拿到了世界盃的銅靴獎。如果不是把墨西哥隊博爾格蒂的烏龍改作克雷斯波的進球，羅納度甚至是銀靴得主。其他前鋒情何以堪！

9. 2008年11月17日，左膝韌帶全斷後9個月，羅納度又回來了。在摩洛哥費茲的反貧困義賽上，他首發出場，「遊走」了22分鐘。國內某視頻網站直播了比賽，小有名氣的解說嘉賓對羅納度的體型冷嘲熱諷，並斷言他不可能再踢職業足球。與羅納度的中國粉絲一樣，我聽了後也很憤怒，只希望羅納度能以實際行動「抽他們一耳光」。

羅納度果真再現江湖。2009～2011年，他在哥林多人的69場比賽留下了35個進球，進球率剛好過半。這35個進球的意義，絕不亞於2002年世界盃的8個進球。他殘缺的職業生涯，終因其勇敢精神而圓滿。

名帥當擇良木而棲

文／駱明

2004 年,是足球史上的「少帥之年」,歐冠和聯盟盃的決賽均成為少帥的 PK 臺,穆里尼奧戰勝德尚,貝尼特斯力克阿尼戈;安切洛蒂在 AC 米蘭終圓義甲夢,此外加冕聯賽冠軍的少帥還有沙夫(德甲不來梅)、勒岡(法甲里昂)、羅納德‧科曼(荷甲阿賈克斯)等。

2004 年夏天,風光無限的穆里尼奧和貝尼特斯同時登陸英超,分別執掌切爾西和利物浦。此前兩年,穆里尼奧在波爾圖連奪聯盟盃和歐冠冠軍,而貝尼特斯率瓦倫西亞於 2002 年和 2004 年稱雄西甲,2004 年的聯盟盃更是錦上添花。

兩位少帥沒有讓新東家失望,穆里尼奧到任第一季,即指揮切爾西首奪英超冠軍,並創造英超積分紀錄(95 分),附帶拿了個聯賽盃。貝尼特斯則率領利物浦勇奪歐冠,尤其是伊斯坦堡之夜,對米蘭落後三球的逆轉,永載足球史冊。更重要的是,兩位少帥極大提升了英超的戰術水準,為英超在歐足聯排行榜上反超西甲為第一聯賽奠定基礎。

同處英超豪門,兩人少不了激烈競爭。切爾西明星更多、板凳更厚,貝尼特斯想在聯賽長跑中壓倒穆里尼奧太難,只能在歐冠這樣的淘汰賽中死磕切爾西。自貝尼特斯上任,利物浦連續三個賽季在歐冠中成為切爾西的苦手,2004～2005 和 2006～2007 賽季在歐冠半決賽中淘汰藍軍,2005～2006 賽季則在小組賽中壓倒切爾西,落到小組第二的切爾西一出線就遇上巴薩,成為「夢二」的犧牲品。

穆里尼奧和貝尼特斯堪稱「一時瑜亮」,但在登陸英超 8 年後,兩人命運卻出現極大反差。穆里尼奧雖被切爾西炒掉,但在國際米蘭拿到歐冠,到皇馬後又終結巴薩西甲三連冠,一直維持著職業教練圈的最高聲響;貝尼特斯的事業則陷入停滯,在利物浦和國際米蘭兩度被炒,賦閒兩年後才在切爾西再踢球。

跟著球評看世足：骨灰粉都不一定知道的足球史

名將與名帥

　　不得不說，穆里尼奧更會經營自己。從教之初，他在葡超本菲卡和萊里亞試水溫，將萊里亞帶到歷史最高排名第5後，他吸引了葡萄牙豪門的注意。2002年1月，他中途跳槽波爾圖，開始了征服歐洲之路。波爾圖、切爾西、國際米蘭、皇家馬德里，分析一下他這10年的執教隊就會發現，他選擇的都是當時在本國最財雄勢大的俱樂部：波爾圖早已壓倒宿敵本菲卡，1990年代（1990～1999年）的10年裡拿了8個聯賽冠軍；切爾西在阿布入主之初是絕對的英超首富，近年來才風頭稍遜曼城；穆里尼奧轉投亞平寧時，國際米蘭已借助「電話門」成為義甲班霸，莫拉蒂正在燒錢旺季；皇馬在球場上被巴薩壓過一頭，但在帳本上，他們連續多年成為世界上收入最高的足球俱樂部。

　　職業足球，錢不是萬能的，但沒有錢是萬萬不能的。不論是在哪個國家的聯賽，最有錢的俱樂部，幾乎必然擁有實力數一數二的球隊。在比拚綜合實力的聯賽中已占據先機，這也是為何曼奇尼雖然飽受爭議，卻在國際米蘭和曼城都能拿到聯賽冠軍的原因。球隊實力夠強，加上穆里尼奧執教水準過硬，想不奪冠亦難。從2002～2003賽季在波爾圖算起，穆里尼奧在這四家豪門執教了9個完整賽季，拿到7個聯賽冠軍！相較而言，他在歐冠的兩個冠軍算是正常發揮，略好於同代人安切洛蒂和貝尼特斯的一冠一亞。

　　反觀貝尼特斯，選擇球隊的眼光就不如穆帥了。執教瓦倫西亞和利物浦時，這兩隊的實力和財力都在三、四位徘徊。瓦倫西亞的聯賽冠軍和利物浦的歐冠冠軍都已是超級成就，想進一步實在太難。尤其是利物浦，還經歷了糟糕的老闆易主，就在雙老闆吉列和希克斯剛到來的2006～2007賽季，紅軍還闖入了歐冠決賽，此後利物浦深陷內耗，2008～2009賽季以86分的本隊英超最高分奪得亞軍，是貝尼特斯的最後輝煌。如果貝尼特斯像穆里尼奧一樣善於順勢而為（如在國際米蘭奪歐冠後立馬轉投皇馬），他早該逃離雙頭老闆的「爛攤子」。可惜，利物浦球迷的愛戴，讓他欲罷不能，結果2009～2010賽季成績一退步，便被老闆炒掉。

　　這時，貝尼特斯似乎有了一樁好差事——去國際米蘭接班穆里尼奧。可惜，莫拉蒂圓歐冠夢後不復慷慨，貝尼特斯的引援要求，一個都沒滿足，三

冠老臣盡數留下，卻已有了奪冠後的惰性，他們還生活在穆里尼奧的影子裡，對貝尼特斯的革新舉措不以為然。貝帥執教之初，國際米蘭成績尚可，但進入2010年10月後，突然連續不勝。貝尼特斯12月拿到世冠盃後炮轟莫拉蒂，主動「求炒」。他走人後，艾托奧揭祕道：「直到（10月3日主場）對尤文圖斯的比賽前，一切都不錯，但那之後，更衣室裡就發生了一些事情。」此話「明示」了，隊員在抵制貝尼特斯。

　　接班一支到達成功頂峰的球隊是危險的。那麼，當「救火隊員」是不是更好一些？貝尼特斯敢接切爾西7個月的執教合約，可能也是出於這一考慮。但他忘了執教利物浦時與切爾西結下的深仇，結果上任首戰，便遭遇史丹佛橋的震天噓聲，這個陰影勢必長久困擾他。雖然在切爾西的任務只是救火，可一旦失敗，得到豪門的聘書就沒那麼容易了。祝他好運！

名將與名帥

▎歐文早衰，足球的失敗

文／駱明

2013 年 3 月 19 日，歐文宣布在 2012～2013 賽季末退役。作為一個見證了他職業生涯全程的足球媒體人，難免會感慨一番。筆者第一時間想起了他的兩場比賽。

第一場是 2001 年足總盃決賽，第 72 分鐘，永貝里為兵工廠首開紀錄，第 83 和第 89 分鐘，歐文梅開二度逆轉。這是足總盃史上最經典戰役之一，歐文第二球尤為經典，他衝過迪臣和亞當斯的夾防，接到後方長傳，左腳低射遠角得分。把歐文帶到 1998 年世界盃的前英格蘭主帥霍德爾自誇道，正是他逼歐文練習不擅長的左腳，方有如此進球佳作。讓我印象深刻的是一個大學生的講述，比賽時中國已近深夜，學校早熄了燈，他在一個商店看的球，結果有大批女生觀戰──都為支持歐文。今日中國槍迷（指兵工廠的球迷）眾多，但當時「娜娜」（兵工廠的暱稱）的號召力遠不及「莉莉」（利物浦的暱稱），尤其是對年輕一代，陽光少年歐文太有魅力了。

第二場是 2001 年 9 月英德之戰，英格蘭客場 5：1 大勝，又是先失一球，利物浦三星包辦五球，歐文更上演帽子戲法，《體壇週報》罕見地用 4 個版報導了這場世界盃預選賽。加上一週前的歐洲超級盃，歐文一週內四破卡恩大門。就在那個月，《體壇週報》做了整版專題，預言歐文將拿到 2001 年金球獎。這時金球獎的拉票戰在歐洲遠未開始，《體壇週報》這個策劃搶在所有歐洲媒體之前，並在年底得到應驗──當年 12 月拿到金球獎時，歐文年齡為 22 歲零 4 天，至今仍是金球獎歷史上第二年輕的得主，僅次於羅納度。

歐文退役之時，筆者的同事梁熙明發了條有趣的微博：「當年幾大金童皮耶羅、勞爾、托蒂、歐文之中，歐文是唯一拿了金球獎的。但若論地位，竊以為勞爾第一，皮耶羅、托蒂並列，歐文最末……」歐文職業生涯虎頭蛇尾實在令人扼腕。離開皇馬、加盟紐卡索聯是他職業生涯的重要轉捩點，還未滿 26 歲的他開始直線下落，而通常這是巨星們最黃金的年齡，馬拉度納、席丹、羅納度都在 26 歲捧起世界盃。

歐文早衰，足球的失敗

歐文為什麼早衰？2012年12月7日，歐文曾在個人網站上給出「權威」分析：「我真心認為，我變得容易受傷，是因為年輕時踢的比賽太多。年輕球員當然希望每週都上場，那麼教練必須做出決定，讓年輕球員得到休息，這能讓他們的職業生涯變得更長、傷病更少。」歐文這麼說，與曼聯主帥佛格森2012年11月的一番話有關：「如果歐文早年間被更有效地調教，他會成為一個更好的球員。」歐文同意這一看法，甚至直白地說：「如果我小時候簽約曼聯，無疑會得到更多榮譽，巔峰期也會更長。」

這話利物浦球迷聽了想必不太開心，但看到當年同樣以速度見長的吉格斯，39歲還披著紅魔戰袍打了第1000場，誰能否認這一點？貝克漢37歲高齡還能在巴黎聖日耳曼打全場，他將此歸功於佛格森，「1990年代中期在曼聯起步的那批球員——吉格斯、巴特、耐維爾兄弟、斯科爾斯和我——大部分還在球場上拚殺，這是因為佛格森給年輕的我們指了明路，尊重比賽、尊重身體、熱愛事業。」

歐文進入利物浦一隊後，前兩個賽季蟬聯英超金靴，1998年世界盃更讓他成為全球紅星。但1999年3月悲劇降臨，在里茲聯主場艾蘭路，歐文的身體達到極限，腿筋斷為兩半，「從此，我隨心所欲踢球的日子宣告完結。」更令人痛心的是，利物浦的體能師恰在賽季前離職，直到接下來的賽季接替者才到位。於是，在關鍵的康復期裡，歐文沒有得到固定的治療，在此後的職業生涯裡變得易傷。

作為第二年輕的金球獎得主，歐文的早衰，是足球的失敗。速度型前鋒易受傷，這點不假，歐文的利物浦後輩托雷斯是另一個例子。但正因如此，他們更應得到特殊的呵護。C羅同樣以速度見長，每年比賽眾多，但身體狀況相當出色，這得益於他在里斯本競技接受高水準青訓、職業生涯之初即進入佛格森的懷抱。梅西也是「追風少年」，巴薩的悉心呵護，保證了他與進球效率一樣驚人的連續出場時間。

就在歐文宣布季末退役前兩個月，一位天才少年離開了歐洲。帕托曾以2400萬歐元身價成為世界上最昂貴的少年球員，然而在歐文拿金球獎的年齡，他只能黯然返回巴西老家，留下16次傷病的記錄。新東家哥林多人的

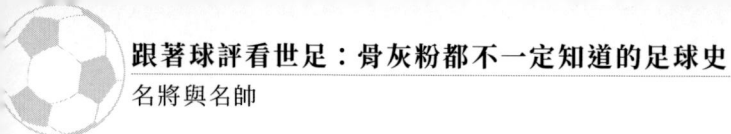

隊醫認為，米蘭實驗室該為帕托的傷病負責。帕托剛加盟米蘭時身體偏瘦，米蘭刻意加強他的肌肉力量，結果這種拔苗助長適得其反。

　　足球出現天才不易，守護天才更不易。歐文退役時，有人致敬他的成就，有人嘲諷他早該退役，有人不屑他的不忠。但教練們以及足球醫療界，是否也該從中反思些什麼？

史前時代的落幕

文／駱明

1986年11月6日，亞歷克斯・佛格森被任命為曼聯主帥。就在4個月前，迪亞哥・馬拉度納率領阿根廷擊敗西德，在墨西哥阿茲特克球場捧起大力神盃。那屆世界盃佛格森也出席了，由於恩師斯坦1985年9月在場邊猝亡，佛格森接過蘇格蘭隊帥印，指揮了出線附加賽及世界盃小組賽。

1990年5月17日，足總盃決賽重賽，曼聯1：0擊敗水晶宮，這是佛格森來曼聯3年半後的第一個冠軍。此後兩個月，「義大利之夏」熱情散發全球，世界盃決賽對手仍是阿根廷和西德，這次擁有「三駕馬車」的西德笑到了最後。那個時代，在中國的南方，已經可以透過廣東的珠江臺和嶺南臺看到英甲聯賽。

1992年，英甲變身英超。1993年，曼聯加冕首屆英超，這是佛格森在曼聯的第一個聯賽冠軍。當年底，羅貝托・巴吉歐捧起金球獎，半年後的美國世界盃決賽，他踢飛罰球後的背影定格在無數中國觀眾的腦海裡。

又過了20年，在送別無數球星和教練之後，佛格森自己終成告別者。老特拉福德27載，通常認為佛格森帶出了4批球員，分別以布賴恩・羅布森、坎通納、貝克漢和魯尼為代表。這4代球員，也恰好對應4代球迷，分別是普拉蒂尼—馬拉度納時代、三劍客—巴吉歐時代、羅納度—席丹時代、C羅—梅西時代。能「通吃」中國70後、80後和90後球迷群體的，捨爵爺（佛格森）其誰！

對於巨星級球員，巔峰期能保持10年已是壯舉，而佛格森在曼聯的巔峰期維持了20年以上。我們看著佛格森從中生代教練變成老帥，再變成英超最老帥，但他的經典形象從未改變：本隊進球後，他像小孩般在場邊開懷雀躍。這個場景以後只能透過集錦重溫，資深球迷會不會悵然若失？

佛格森在曼聯的成功，與付費電視和商業化對足球的滲透同步。憑藉高額的電視轉播費和出色的市場推廣，英超從1990年代初粗糙有餘、歐戰萎靡的聯賽，一步步成為世界上最受歡迎的足球聯賽，曼聯躋身品牌價值最高

的體育俱樂部行列，佛格森的形象也深入人心。根據市場調查機構 Kantar（凱度）去年 5 月的數據，曼聯在全球擁有 6.59 億球迷，為足球俱樂部最多。中國老一代球迷多以看義甲直播起步，AC 米蘭球迷最多，而中生代球迷裡，曼聯迷勢力龐大，從 1999 年神奇奪得三冠王開始，隨著英超轉播從沿海深入全國，紅魔擁躉急劇膨脹。正因此，佛格森的退役，在全球和中國都引發了深度震動。

佛格森和曼聯得益於商業化和全球化，但在這個足球時代，在一支球隊執政 27 年的他，像個恐龍時代的遺存。義甲巴勒莫老闆贊帕里尼是著名的「換帥狂人」，他進入足球界與佛格森執教曼聯同步，這 27 年，他換了 44 個教練，36 人未做滿任期。加圖索效力的瑞士錫永，2012 年竟創下一年七帥的變態紀錄！在佛格森上臺的 1986 年，英格蘭頂級聯賽還從未有過英倫三島之外出生的教練（第一人為 1990 年世界盃後執教維拉的捷克斯洛伐克人文格洛斯），而今天的英超，在曼聯之後列 2 至 5 位的豪門均由洋帥掌軍。

足球本身在這 26 年也發生了巨大變化。1986 年的法國巴西之戰精彩絕倫，但這場比賽得長按快轉鍵，方可與周中熱刺與切爾西之戰的高速節奏相當。佛格森屹立潮頭不倒，靠的是不間斷的學習。1990 年代遲遲不進歐冠決賽，佛格森用法語向里皮討教，借鑑了尤文圖斯的整體足球，回頭打敗義甲和拜仁奪冠。21 世紀初西甲風光，他開始學技術流，買入貝隆等人，兩負皇馬後發現此路不通，在 2003 年尤文米蘭會師決賽後又改學防反，成果是 4 年 3 入歐冠決賽，並創下歐戰 25 場不敗的紀錄。這個紀錄在 2009 年歐冠決賽中被巴薩終結，2 年後決賽，巴薩再克曼聯，佛格森顫抖的手並非服輸的象徵，他在曼聯球風中注入了巴薩的快速傳球，在英超中收效甚豐。只是，他還沒來得及復仇，瓜迪歐拉便離巴薩而去。

佛格森最大的遺憾，是漫長職業生涯中只拿到兩個歐冠獎盃。但他 4 進歐冠決賽，已與里皮、穆尼奧斯並列最多，2 冠 2 亞，也只遜於 3 度問鼎的皮士利。加上兩個優勝者盃，他的 4 個歐戰獎盃與皮士利並駕齊驅。不可思議的是，從 1983 年率蘇格蘭亞伯丁捧得優勝者盃，到 2008 年莫斯科雨夜奪得歐冠，時間跨度整整 1／4 個世紀，任何名帥都望塵莫及！如此「長青」

紀錄，只有留待新一代的早慧帥才來打破——如果2028年後的穆里尼奧、2034年後的瓜迪歐拉和2036年後的博阿斯還能登上歐足聯的領獎臺。

　　佛格森退休，標誌著足球抹去了「前全球化時代」最後的鮮明印記。仍有一些「老人」在繼續戰鬥，如半年後將滿40歲的吉格斯、在兵工廠執教近17年的溫格，一個佛格森的戰友，一個佛格森的老對手，都值得我們珍惜。還必須向特拉帕托尼致敬，74歲的「金牌教頭」比佛格森還大上三歲，退休年齡都過了10年，他仍在愛爾蘭隊打工，正是他們數以十年計的堅守，讓足球變得更偉大。

獨一無二的小貝

文／駱明

足球史上，有無數的天才、帥哥、偶像、楷模⋯⋯。但你不可能再找出一個貝克漢式的、極其複雜甚至有些矛盾的個體。

他有著足球場上最帥氣的臉龐，他的球技與比利、馬拉度納、梅西們有檔次上的差距，但出眾的外形讓他同樣獲得了全球範圍的認知。當然，他不是光靠臉蛋吃飯，他的長傳和直接任意球均進入了最頂尖境界，堪與皮爾洛、小儒尼尼奧等大師們比肩。

更神奇的是，這位帥哥有著足球場上最出眾的耐力。他小時便是中長跑健將，在家鄉獲得過越野跑冠軍。現代足球中，場均一萬公尺已是基本量，在巴薩和西班牙最成功的這幾年，哈維每場跑動常超過 12 公里，在歐冠和世界盃中均為同行之冠。但他仍無法望小貝項背，貝克漢在曼聯時場均跑動 14 公里；2001 年世界盃預選賽對希臘，終場前攻入關鍵任意球的小貝跑了 16.1 公里。皇馬時期，貝克漢的跑動為西甲最多，場均 13 公里。

同時，他還是最「職業」的球員之一，訓練永遠兢兢業業，場上始終奮力拚搶。連對大牌最不近人情的鐵帥卡佩羅，在皇馬把貝克漢下放二隊，直言「不會再安排你為皇馬踢球」後，小貝仍以他的敬業感動了卡佩羅，重回主力陣容並以西甲冠軍告別。

貝克漢的臉龐，成就了他的名氣，卻也造成了太多誤解。對小貝瞭解不深的人，看多了他出席各種活動派對，見慣了他和辣妹出雙入對，難免感覺他是個「花瓶」，甚至專業足球人士也不例外。

2003 年 3 月，《體壇週報》全球獨家首發貝克漢將加盟皇馬的消息。當年夏天，他剛到皇馬便隨隊來中國，引發追捧狂潮，那時不少中國媒體譏笑小貝在訓練中腳法不精，斷然進不了首發，西班牙媒體也對他持消極態度，認為小貝是來賣球衣的，無法與菲戈競爭。然而，小貝改踢後腰後，以最快速度融入皇馬，不斷進球和助攻，2003 ～ 2004 賽季上半程結束時，他被普遍認為是「西甲最佳引援」，並以其職業精神得到西班牙媒體的交口稱讚。

有趣的是，2009 年米蘭從洛杉磯銀河租借小貝時，同樣的一幕又發生在義大利，人們紛紛批評米蘭此舉是純商業行為，小貝在場上沒有任何價值。2009 年 1 月 12 日，米蘭客場對羅馬的硬戰，小貝出人意料地首戰即首發，並表現出色。米蘭主帥安切洛蒂解釋說，這是對小貝這麼快融入球隊的獎賞。前 4 場攻入兩球後，米蘭已經考慮買下小貝，只因無法滿足銀河的出價而作罷，不過還是把租期截止日從 3 月延長到賽季末。2013 年小貝臨時加盟巴黎聖日耳曼半年，還是在安切洛蒂帳下，小貝同樣經歷了從被質疑到被承認的過程，雖然他年事已高，無法再成為主角球員。

在英格蘭隊，小貝也歷經起伏。1998 年世界盃的紅牌，曾使他在英格蘭為千夫所指，直到 2002 年世界盃預選賽他完成救贖。2006 年世界盃後，麥克拉倫宣布棄用貝克漢，但次年小貝在皇馬征服卡佩羅的同時，也回到英格蘭隊，並有上佳表現。這個時代，太多大牌球員 30 剛出頭即告別國家隊，但貝克漢始終胸懷報國志，到了 2010 年還想以 35 歲之齡出征世界盃，為此再度被租回米蘭。正是連續兩年往返歐美，毫無休整期，讓小貝在這年 3 月跟腱斷裂——與 2015 年累壞跟腱的科比和薩內蒂一樣。當時各界已猜測小貝是否會就此退役，但小貝又奮戰了 3 年，2011 年底拿到美國大聯盟冠軍，2013 年又加冕法甲冠軍。

回顧小貝職業生涯，他加盟皇馬是最具爭議的決定。他和「銀河戰艦」互相成就，同時達到聲譽的頂峰，但在競技上，銀河戰艦並不成功，對戰艦上的巨星都有損害。席丹鬱鬱寡歡，過早退役；菲戈和勞爾日漸沉淪，直至離開皇馬，在國際米蘭和沙爾克建功立業，才得到新的承認；羅納度和小貝挨了卡佩羅的整，只得跳船；小貝幸而鹹魚翻身，臨走時拿到聯賽冠軍。但在皇馬的不如意，讓小貝過早動了前往美國的念頭，令他本人不無後悔。如果留在曼聯，繼續和佛格森合作，小貝職業生涯的巔峰期、高產期肯定會更長，例如 2008 年可能拿到第二個歐冠。

但正是離開曼聯的漂泊，讓貝克漢有機會征服西班牙和義大利這兩大足球重鎮，證明他並不是「花瓶」，這對他形象的塑造善莫大焉。他在美國的拓荒，提升了美國大聯盟品牌，讓亨利、羅比‧基恩等名將追隨而至。英超

行銷世界之時，英格蘭的頂級球員卻極少像當年的連尼加、加斯科因一樣出國踢球，歐文也是淺嘗輒止，只有貝克漢縱橫五國聯賽，留下一段傳奇。

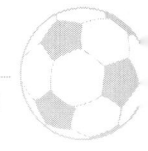

貝克漢「投對了胎」

文／駱明

貝克漢退役，令全球粉絲感傷、球迷感懷。紀念他的文章如汗牛充棟，一方面褒貶他在球場上的事業，一方面探究他的品牌傳奇。貝克漢為什麼會成為「萬人迷」，理由不一而足，個人認為有一點不可或缺：他生對了地方。

英國早已不是「日不落帝國」，在政治上的影響力降至數百年最低點，但他們在文化上的影響力仍令人仰望。只要看看 2012 年倫敦奧運會就知道了，開幕式把近代英國的歷史羅列一下，閉幕式來場「同一首歌」，讓歌星們逐個露下臉，已經讓很多中國人自慚形穢，在網上爭得昏天黑地。英國文化滲透力強，一是傳統和歷史使然，二是英語的強勢地位。英語是世界第一通用語言，中國人拿大學畢業證都得過英語四級，而只要學英語，難免接觸到英國文化。因此，只要是英國媒體感興趣的人物，很容易成為全球的共同消費對象。

貝克漢

名將與名帥

貝克漢確實很帥，在球場上的「圓月彎刀」也足夠銷魂，但若不是生在英國，成為優質偶像沒問題，卻不大可能成為風靡全球的「萬人迷」。不妨看看義大利，當貝克漢在英超走紅的時代，義甲正是歐洲足球的霸主，而且義大利大量製造帥哥，內斯塔、（大）英薩吉、卡納瓦羅等不勝枚舉，但他們的影響力只侷限於足球領域。假設英薩吉是英國人，貝克漢是義大利人，今天的萬人迷難道不是英薩吉？如果您不相信，可以看看巴洛特利。

巴洛特利在國際米蘭時，以乖張舉止得到「巴神」的綽號，但那時在中國也就義迷關注他多點，嘲笑和諷刺幾句作罷。轉到曼城後，他的舉止仍然那麼「神經」，但傳播效果高了不止一個量級，畢竟英國媒體在全世界的影響力遠非義大利媒體可比。巴神升級為全球性話題人物，甚至繼梅西之後，成為第二個單獨登上美國《時代》週刊封面的足球運動員。

此外，義大利和英格蘭媒體的取向也有不同。義大利的足球報導，以專業體育報紙為龍頭，他們當然也報導巴神的神事，但會更多集中於足球，其影響力也止於足球領域。而英國沒有專業體育報，最好的體育報導都由各大綜合性報紙呈現，他們樂於挖掘巴洛特利的各種雞毛蒜皮，而經由《泰晤士報》、《衛報》等大報的全球傳播，巴洛特利的聲名遠颺足球場外。

報導取向的不同，也影響到貝克漢的形象。昔日英國強勢媒體推動了小貝走紅，但這些媒體對小貝的生活和婚姻報導太多，讓歐洲大陸的人認為小貝就是個走秀的，在場上無甚用處。無論是皇馬還是 AC 米蘭、巴黎聖日耳曼，貝克漢剛到時，當地媒體都認為他只有商業價值，沒資格上場，不過小貝總能以他的專業和勤奮，先征服教練後征服媒體。

有趣的是，小貝浪跡的三個歐陸國家——西班牙、義大利和法國——正好是體育媒體最發達的國度。西班牙的馬德里和巴塞隆那各有兩家體育大報；義大利的米蘭、羅馬和都靈各有一知名體育報；法國則擁有體育第一報《隊報》和足球第一刊《法國足球》。貝克漢在這三國扭轉了「花瓶」形象，對他在足球圈中的口碑不無益處。

英國星工廠成就了小貝，但若論造星能力，英國仍然比不上美國，畢竟美國是當今第一強國。美劇、好萊塢、紐約時報，每天都在影響世界。韓國

歌手 PSY 的《江南 style》還不錯，卻也好得有限（相信不是筆者的個人之見），一經美國明星們在社交軟體上轉了幾下，馬上紅遍全球，耳朵要聽到起繭。這傳染力，不服不行。

　　林書豪的成名亦得益於「美國影響力」。現在林書豪已回歸平淡，在火箭隊不時遭到質疑，但所有人都不會忘記他在 2012 年掀起的林氏風暴。2012 年年底國內各媒體評選年度熱門詞彙時，「林瘋狂」都排在前列。林書豪驟然走紅時，很多人都在探討，林書豪真的有這麼厲害嗎？而我當時與同事討論的一個話題是，如果林書豪不是美國人，他會這麼紅嗎？

　　我思考的另一個問題是，足球中，有沒有林書豪這樣一度無人問津、卻在 20 多歲迅速竄紅的球員？我最後想到了佩德羅。在群英輩出的拉瑪西亞，佩德羅不算資質突出者，成名前一度考慮去英超，但沒人要他，2008～2009 賽季巴薩包攬三冠時，佩德羅只是個表現不出色的小角色。2009～2010 賽季初，22 歲的佩德羅突然爆發，在西班牙超級盃和歐洲超級盃中連續進球，並在年底完成了六線進球的偉業。想想義大利小夥馬凱達，為曼聯絕殺維拉一球後都被會吹上一陣（現在您還記得他嗎？）。如果佩德羅是英國人，他也會成為足球界的「林書豪」吧？

名將與名帥

瓜迪歐拉的自我「背叛」

文／駱明

對於豪門主帥，在萬人頌揚和千夫所指之間的轉換速度有時快得驚人。2014 年 3 月 26 日，拜仁成為第一支在早春三月登頂德甲的球隊，對瓜迪歐拉的阿諛奉承之辭不絕於耳。同在那個週末，皇馬客場 1：2 負於塞維亞，加之一週前主場 3：4 負於巴薩，皇馬跌至西甲前三，心急者已開始為安切洛蒂「料理後事」。

不料這一個月風雲突變。拜仁在德甲終結不敗紀錄，又在主場 0 比 3 負於多特蒙德；皇馬則先在國王盃決賽中力挫巴薩，繼而在歐冠半決賽中雙殺拜仁。安切洛蒂成了皇馬的救世主，瓜迪歐拉則因總比分 0：5 敗北，受到全方位質疑。

輸了球就該挨批，這對任何教練都是「公平」的。但斷言瓜迪歐拉的傳控足球過時、不適合拜仁，全然不顧不久前盛讚他給拜仁帶來的改變，這未免也太朝秦暮楚。懷念海因克斯的人忘了，就在拿三冠王之前的 2011～2012 賽季，海因克斯還因「三亞」挨批，甚至在三冠賽季之中，拜仁高層也沒有理會海因克斯「如無合適人選，願意再做一年」的委婉要求，找了瓜迪歐拉。

瓜迪歐拉的自我「背叛」

瓜迪歐拉

因為一場大敗，就建言瓜迪歐拉應該改變控球哲學，只能說這種境界太低了。如果這些「現實主義者」回到 20 年前，看到克魯伊夫的巴塞隆那在 1994 年歐冠決賽中被卡佩羅的 AC 米蘭 4 比 0 橫掃，一定會勸說克魯伊夫放棄「高危」的控球戰術，向卡佩羅學實用足球。如果克魯伊夫聽了他們的意見，在拉瑪西亞引入義式足球，我相信巴薩也沒有夢二、夢三了，更無可能成為今日美麗足球的代名詞。

就在 1994～1995 賽季，從北方突然殺出范加爾的阿賈克斯。這個克魯伊夫的母隊，以積極而嚴密的控球踢法，一個賽季三殺 AC 米蘭，且一球不失。這也旁證，並不是只有西班牙人、西甲球隊才能踢好控制足球。此後范加爾有過高峰有過低谷，但無論如何，在巴薩和拜仁都建立了一時功名，進攻足球的信仰從未改變。因為瓜帥一次失敗就要求他改弦更張？那拜仁現在就炒他得了。

拜仁大敗於皇馬，並非證明瓜迪歐拉賴以成名的控球戰術進入了死胡同，恰恰相反，瓜迪歐拉之敗是因為他「背叛」了自己。當年瓜帥在巴薩，為了實現他的控球＋壓迫戰術，用人特點是「無中鋒＋小個＋技術型」。本賽季，這一套模板拷貝到拜仁，基本運轉正常，甚至神似當年巴薩。

但在這場對皇馬的比賽中，瓜帥的排陣一點也不「巴薩」，排出「鋒霸」曼祖基奇是合理的，可他還加派了技術並不細膩的穆勒在其身後，雙後腰是施魏因斯泰格和克羅斯，兩人長於分球，但控球帶球都不突出，防守亦非強項，無法破壞皇馬的快速突擊。於是，首發中前場 6 人裡只有兩名純技術型球員——里貝里和羅本，全隊只有兩名小個子，一個在左前場（里貝里），一個在右後場（拉姆），這怎麼踢「巴薩足球」？本該在中場串聯羅貝里的那些人——蒂亞戈有傷，拉姆不在本賽季最出彩的後腰位置，技術最好的德國人格策又被晾在板凳上……。

瓜迪歐拉為何在賽季關鍵階段「迷失自我」，以德式人員踢西式足球？這的確是個謎。貝肯鮑爾在主場對兵工廠的比賽後批評拜仁「像巴薩一樣沒法看」，此後對瓜迪歐拉的質疑逐漸升溫，這也許對瓜帥起了負作用。

那麼，拜仁請瓜迪歐拉來「革命」是否明智？留下海因克斯看似是更穩妥的選擇，但歐洲足球史反覆告訴我們，一支極盡成功的球隊，如果不思改變，往往迅速腐朽，1999 年曼聯和 2010 年國際米蘭在三冠王後的墮落都是明證。瓜迪歐拉給拜仁帶來了新鮮空氣，新人來了，打法變了。聯賽 3 月奪冠、歐冠打入四強，總不算壞成績吧？瓜迪歐拉在巴薩 4 年，兩次都在加冕歐冠後的賽季止步半決賽。

世上沒有常勝軍，也沒有常勝將軍。拜仁上賽季再奪歐冠，等了足足 12 年；穆里尼奧的現實派戰法與瓜迪歐拉截然相反，也連續 4 年在四強停步。現在是考驗拜仁俱樂部的時候了，是堅定支持瓜迪歐拉的變革，還是半心半意將信將疑。如果是前者，以瓜帥之能力、拜仁之財力，成績有保證，運氣好點能再拿歐冠；如果是後者，隊員們定會陽奉陰違，逼瓜帥走人，拜仁開始新一輪輪盤賭。

比利真的是「烏鴉嘴」嗎？

文／駱明

不知從哪一年起，比利得到了一個不那麼美妙的稱號：烏鴉嘴，即預測哪個隊奪冠，哪個隊就栽跟斗。對於他的眾多「神蹟」，筆者最早的印象是在 1994 年世界盃前，他看好在南美區 5：0 屠戮了阿根廷的哥倫比亞，結果哥倫比亞小組賽後就出局，還賠上埃斯科巴一條人命。比利的「烏鴉嘴」太有名了，現在他每一次預測後，該隊球迷就馬上出來「聲討」之——至少在中國是這樣。

比利的這個稱號似乎成了鐵案，無可推翻。但令人困惑的是，為何世上有「烏鴉嘴」，卻無「神嘴」？恕筆者孤陋寡聞，從未聽說過哪個人以善於預測冠軍而出名。

前幾年倒是有「巫師」頻頻現身西甲，電臺或電視臺搬出他們時，先介紹其「神蹟」，然後讓他們判斷聯賽走勢。老實說，筆者早忘了檢驗那些預測正確與否，但既然現在不見他們的人影，您就不難想見他們的下場了。

比利

跟著球評看世足：骨灰粉都不一定知道的足球史
名將與名帥

預測冠軍，或許是足球中最難的一件事。拿被預測最多的世界盃來說，巴西貴為 2014 年世界盃最大熱門，奪冠賠率不過是 4，依此推來，其奪冠概率為 22%，不奪冠賠率高達 78%。到第二熱門阿根廷，賠率 5.5，奪冠概率只有 17%，不奪冠概率則升至 83%。可見，預測任何一隊在大賽中奪冠，都是十分危險的事！

因此，比利預測失準正常不過。只不過他是球王，人人都會對他洗耳恭聽，人人在潛意識裡都要求他見解高於凡人。故而一旦他預測失準，「得罪」的人就比一般預言家多多了。久而久之，惡名難除。其實比利也有過正確的預測，例如 2012 年歐洲盃預測西班牙奪冠，可誰會記得他正確的預測呢？

比利現在也學乖了，不再把寶押在一個隊身上，仔細對照一下，每次預測的隊還有出入（誰叫強隊那麼多呢？）。例如前不久，他先預測 2014 年世界盃「巴西和烏拉圭爭冠」，可今年 1 月，他在巴黎預測的是「巴西決賽戰法國」，而 2013 年 10 月時，他預測的還是「巴西和英格蘭爭冠」。偏偏還有很多人信以為真，每次聽到比利預測，就歡呼（或驚呼）「××隊要倒霉了」，這純粹是浪費感情。

透過以上概率計算還可得，預測一個隊奪冠，遠不如預測一個隊不奪冠保險。每到賽季前，相信您都會聽說很多雷同的「魔咒」，如：得義大利超級盃者失義甲，奪社區盾者失英超，奪西班牙超級盃者失西甲。類似魔咒還有奪聯合會盃者失世界盃等，令人不禁大嘆足球世界之奇妙。

仔細一推敲，這些魔咒純屬狗屁。「沒有染指超級盃的 19 支球隊，奪得聯賽冠軍的總概率大於奪得超級盃的那一支球隊」、「世界盃將在沒有奪得聯合會盃的 31 支球隊中產生」，如果筆者出此言，您一定會怒斥為廢話。可上面那些魔咒，不就是這些「廢話」嗎？

這麼多年來，只見過兩個真正 NB 的預測，第一個就是「教皇魔咒」。當保羅二世 2005 年 4 月辭世時，「教皇魔咒」便浮出水面。上一個教皇於 1978 年故去，那一年利物浦稱雄冠軍盃、尤文圖斯奪得義甲冠軍、國際米蘭奪得義大利盃、佛倫提那在最後一輪保級。果然，這幾件事逐個重演，利物浦的神奇大逆轉，更讓人佩服這個魔咒之可怕，尤其杜迪克擋出舍瓦（舍甫

琴科）的連續射門、又在 PK 戰中大跳魔舞後，不禁讓人懷疑教皇附身於他（保羅二世也是波蘭人，也當過門將）。

不過當時還有個小小遺憾，那就是「教皇魔咒」預言阿斯科利升級，但阿斯科利在升 3 隊的義乙僅列第 6，升級附加賽又沒進決賽。可不久後，義乙冠軍熱那亞因賄賂對手降級，第 3 名都靈和第 4 名佩魯賈又都因財政危機降級，阿斯科利真的回到了義甲……。

今年又有個「66 定律」出現了。當兵工廠在足總盃中 0：2 落後赫爾城時完成大逆轉後，連尼加說，上一次發生此事是 1966 年，而那年英格蘭奪得了世界盃。然後馬上又有西班牙高人發現，1966 年的西甲「貝蒂斯降級、拉科魯尼亞升級、馬競西甲冠軍、皇馬歐冠冠軍」，神奇的是，這幾件事逐一應驗。那麼英格蘭真能奪冠嗎？也有人說，1966 年世界盃也可解讀為「東道主奪冠」，這就利好巴西了。當然，即使真的是巴西或英格蘭奪冠，比利也可以站出來說，你看，我以前就預測過「巴西和英格蘭爭冠」吧……。其實我們都別當真。

伊涅斯塔成敗暗合席丹

文／駱明

完美的控球，優雅的球風，席丹曾說過，現役球員中，伊涅斯塔的踢球風格最像他。其實不光是足球風格，在職業生涯的軌跡上，伊涅斯塔居然與席丹有頗多暗合之處，不愧是其「傳人」。

根據「足球算命學」，鼠年是球星大年。最牛的當然是 1960 年的馬拉度納了，而 1972 年出了席丹、里瓦爾多、菲戈、內德維德……。1984 年同樣是球星大年，西班牙的伊涅斯塔、托雷斯，荷蘭的羅本、斯奈德，阿根廷的特維斯、馬斯切拉諾……。伊涅斯塔顯然是其中成就最高者，他幾乎複製了席丹的成功道路——甚至是失敗之路。

1996 年歐洲盃，24 歲的席丹第一次參加大賽，這時他在法國國內的評價已經很高了，但他那次歐洲盃表現相當平庸，遠不如隊友德約卡夫。巧合的是，2008 年歐洲盃，伊涅斯塔也是在 24 歲之齡首次在國際舞臺接受考驗（2006 年世界盃，伊涅斯塔只在小組賽第三場對沙特的無關緊要一戰中出場），但他的表演也相對平淡，遠不如巴薩隊友哈維那麼耀眼。

席丹

1998 年，26 歲的席丹爆發了，在尤文圖斯歷練後，世界盃決賽的兩個進球幫助法國首捧大力神盃，奠定了他的巨星地位。而 2010 年世界盃，也正是 26 歲的伊涅斯塔在決賽中的絕殺，幫助西班牙首奪世界盃。伊涅斯塔

甚至本可像席丹一樣捧起金球獎，不幸的是，那年金球獎正好與國際足聯的世界足球先生合併，梅西在原金球獎評審、世界各國記者中的選票只列第四，卻被球員和教練捧上了金球王座。

2000 年，席丹率領法國隊再奪歐洲盃，他自然是法國隊的首功之臣，但因歐冠中的暴力犯規，他錯失了那年金球獎。2012 年，伊涅斯塔同樣率西班牙隊再度稱雄歐洲盃，並被評為盃賽 MVP，雖然他也沒有拿到金球獎，但至少拿到了歐洲足球先生。

2001 年，席丹轉會皇馬，並於次年捧起歐冠，這是他的第三次歐冠決賽，在 1997 和 1998 兩度屈居亞軍後，他終於圓夢歐冠。而伊涅斯塔也正好進過三次歐冠決賽（2006 年、2009 年、2011 年），他運氣比席丹略好，三次都奪冠了。

伊涅斯塔

最新的巧合，卻是不幸的巧合。2002 年，30 歲的席丹在世界盃中帶傷復出，卻無法阻止法國隊以衛冕冠軍身分小組出局。2014 年，30 歲的伊涅斯塔也無力回天，目送西班牙隊重蹈 12 年前法國覆轍。對澳洲一戰是伊涅

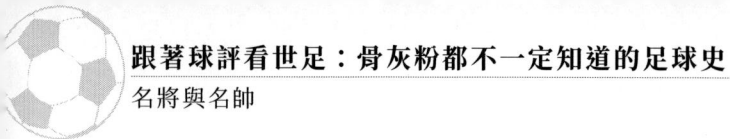

斯塔的第 100 場國家隊比賽，這時的西班牙卻只能為榮譽而戰，不過伊涅斯塔仍然不辱使命，三記直傳，製造了三個進球。不管西班牙隊換血力度多大，伊涅斯塔都將是當之無愧的核心。

　　2006 年，34 歲的席丹在退役之前神威再現，率領法國隊殺回世界盃決賽——2018 年的俄羅斯，伊涅斯塔，我們等你！

范加爾栽樹，自己乘涼

文／駱明

2014年世界盃前，荷蘭隊頻遭傷病打擊，星味不如以往（只有所謂的「三棍客」名頭響點），並不被人看好，卻一路殺入四強。除了范加爾的靈活用兵，荷蘭人才鼎盛亦是重要原因，一幫毫不出名的愣頭青，個個上場都能發揮作用。誰能想到，這其實是范加爾當年打下的基礎？

范加爾第一次執教荷蘭隊時運勢很衰，被愛爾蘭和葡萄牙封殺於歐洲區預選賽，未能參加2002年韓日世界盃。但他那時為荷蘭足球做了莫大的好事。2002年，他推動荷蘭足協建立了全新的青訓體制。每個俱樂部的青訓都被打分，分數為1至4分不等（分越高越好）。這可不是「面子工程」，如果哪個俱樂部打分高，好球員自然願意投效。這就刺激俱樂部設法提高青訓水準。

青訓教練的水準也在提高，2000年以前，荷蘭甚至沒有正式的青訓教練證書。范加爾推動了相關體制的建立，他的觀點是：「我認為，要想教好小孩，必須先能更好地執教成年人。執教小孩更難，你必須知道每個年齡組的特點。」

范加爾

范加爾的努力迅速收到回報。近半個世紀，荷蘭一直盛產足球人才，並收穫了一個歐洲盃冠軍、三個世界盃亞軍和6個冠軍盃。不過，荷蘭在青年

名將與名帥

賽事中的表現一向不出色。然而，2006年和2007年，荷蘭人突然爆發，蟬聯歐青賽冠軍，並參加了2008年奧運會（當時梅西的阿根廷黃金一代和孔帕尼的比利時黃金一代亦來到北京作賽）。當時荷蘭U21隊主帥德哈恩說：「當一次冠軍可說是運氣，但竟然用一支完全不同的球隊衛冕成功，這就不是巧合了。要知道，我們還有很多優秀球員缺席。」

2010年，荷蘭隊闖入世界盃決賽，4年後，他們又殺入四強，這離不開青訓體制之功。可范加爾還在哀嘆荷蘭國小，值得栽培的年輕球員太少，「荷蘭所有俱樂部都有青訓營，但我們沒有足夠多的優秀球員，假如有30個青訓營，那好球員都被分散了。我們應該按地區來建立青訓營。我鼓勵赫拉克勒斯和屯特合併了青訓營，現在他們已是最高級別青年賽事的冠軍，這讓我很受鼓舞。」

范加爾口口聲聲抱怨荷蘭人口太少，「我們1700萬人口有100萬球員，這已經很多了，但與英國這樣的人口大國比起來不算什麼。」中國呢？前些年參加一個足球論壇，我聽到一個數字是：中國受訓的足球人口是5萬，後來又聽到一個數字是30萬，不管哪個數字是實，比荷蘭這樣的彈丸小國都少得多了。

迪斯蒂法諾有多偉大？

文／駱明

2014年的足球是不幸的，1月，葡萄牙名宿尤西比奧辭世，半年後的7月，皇馬王朝的建立者迪斯蒂法諾又撒手人寰。迪斯蒂法諾曾率皇馬在1956～1960年包攬前五屆歐冠冠軍。在迪斯蒂法諾的黃金時代，電視轉播尚不普及，留下的資料並不多。那麼，他究竟有多偉大？

很多足壇人士在懷念迪斯蒂法諾時，都用了「足球史上最偉大球員之一」來定義他。而對於那些親眼見過迪斯蒂法諾踢球的老人，他們給出的定義則是「足球史上最全能的球員」。例如國際足聯主席布拉特是這麼說：「他是我見過的最全面的球員，他是我的偶像。當他為偉大的皇馬踢球時，我還是一名年輕的體育記者，非常近距離地採訪他。」博比‧查爾頓在曼聯官網上說：「我從未見過一個如此全面的球員。」

也許球王比利最有發言權，他在2009年底說過：「人們在爭論比利與馬拉度納，但對我來說，迪斯蒂法諾才是最佳。他（比我）全面得多。」

迪斯蒂法諾

名將與名帥

　　迪斯蒂法諾有多全面？據見過迪斯蒂法諾踢球的人說（也只能據說，畢竟他踢球時，筆者還沒出生），他是一名熟練後衛、一匹中場戰馬、一個進攻組織者，還是一個高效射手。在同一場比賽中，你可以見到他回到防線、在中場橫衝直撞、為前鋒做球，然後自己把球踢進網窩。全攻全守（或全能足球）在 1970 年代被荷蘭人發揚光大，其實早在 1950 年代，迪斯蒂法諾就達到了這個境界。

　　陰差陽錯，迪斯蒂法諾終其一生沒有參加世界盃，這是他個人的遺憾，又何嘗不是世界盃的遺憾？

溫格該怎麼「下課」？

文／駱明

  2014 年 11 月 22 日，筆者一連安慰了兩批球迷朋友。先是下午的中國足協盃決賽，魯能後衛麥高恩最後一分鐘頭球絕殺，讓舜天眼看到手的冠軍泡了湯。江蘇的朋友在朋友圈和微博裡捶胸頓足。然後是當晚的兵工廠對曼聯之戰，面對傷病更多、狀態糟糕的曼聯，占盡優勢的兵工廠 1：2 主場繳槍，身邊幾個兵工廠鐵粉不約而同地喊出「溫格下課」。

  既是批評，難免過激。同事姜斯瀚有些看不下去了，「這兩天大夥對溫格有萬炮齊轟之勢，什麼『賴著不走』『沒有自知之明』『臉皮厚』之類的都用上了。且不論這麼說一位 64 歲的長者是否合適，那他真的是『臉皮厚？』真的是為了幾百萬英鎊的薪水『賴著不走』？」姜斯瀚找出了這兩年巴黎聖日耳曼苦追溫格的報導，然後下結論：「這兩年來不管他在兵工廠功過如何，起碼對兵工廠他做到了忠誠，犧牲了利益。」

溫格

  當晚也有球迷問我，那溫格該不該下課？我想起 2013 年 3 月，在《全體育》專欄上寫過一篇「該不該炒溫格」。當時我的觀點是：第一，以兵工廠英超第四的薪水標準，溫格讓兵工廠年年保前四且打進歐冠淘汰賽，至少是個「合格」的教練，哪怕說不上優秀。第二，以兵工廠的財力，穆里尼奧

這種級別的名帥不可能來，而如果找一個二級名帥，失敗的可能性一定遠大於成功的可能性。

然而，時代不一樣了。如今兵工廠已不再被酋長球場的債務困擾，據2014年9月20日公布的財報顯示，2013～2014賽季，兵工廠的稅前盈利為470萬英鎊，而現金儲備高達1.733億英鎊，且沒有短期債務。於是，兵工廠去年斥資4400萬英鎊簽下厄齊爾，今年夏天又砸出7700萬英鎊買下桑切斯、維爾貝克、錢伯斯、德布希和奧斯皮納，減去賣維爾馬倫等人所得，淨投入5700萬英鎊，放眼歐洲五大聯賽也僅次於曼聯。

俱樂部的工資投入也水漲船高。續約沃爾科特、拉姆塞和威爾希爾等人後，兵工廠薪資總額從1.545億英鎊增長到1.664億英鎊，比上一財年上漲了1200萬英鎊，這是兵工廠薪資總額10年來首次超過切爾西！可以說，兵工廠的財務狀況前所未有地出色，但對比切爾西的戰績，球迷們難免發問，為什麼投入蓋過了土豪切爾西，成績卻遠遠不如？

投入增加後，球迷提出更高要求，這實屬正常。不過，既然溫格千辛萬苦，把為建球場勒緊褲腰帶的兵工廠帶出了最困難時期，總該給老人家時間，享受一下自己的成果吧？只是這個時間不是「無窮久」。2013～2014賽季，兵工廠聯賽和歐冠都無進步，但好歹在足總盃決賽中驚險獲勝，終結了九年無冠的局面，如果本賽季巨資投入仍無進步，仍然只是完成保四目的（感謝利物浦和熱刺更不給力），那麼，是該考慮溫格下課的問題了。

溫格今年夏天才續約3年，現合約到2017年結束。指望俱樂部趕走溫格有些難度，但如果兵工廠局面太難堪，溫格自己想必也會讓賢。最壞的局面是，溫格在某個賽季末突然請辭，讓俱樂部猝不及防。這方面曼聯有血的教訓。2013年5月，佛格森出人意料地宣布退役，在聯絡安切洛蒂等教練未果的情況下，倉促間選定莫耶斯為佛格森接班人。留給莫耶斯熟悉俱樂部、組建教練團隊、購買新球員的時間極為有限，曼聯當年夏窗關閉前還在恐慌性買人，衰敗已露端倪。

如果溫格去意已決，最好能提前半年左右知會俱樂部，讓俱樂部及早做準備，畢竟歐洲的名帥就那麼幾個。例如當下，多特蒙德的克洛普已放話，

一旦離開德甲最想去英超；由於拿坡里老闆不願投錢，貝尼特斯在義甲上升空間有限，同樣準備回英格蘭與家人重聚。兵工廠若到賽季末再打他們的主意，不僅挖人的難度大增，新帥與球隊的磨合時間也太短。

現在兵工廠的最大問題是，溫格權威太盛。當歐陸的「經理＋教練」體制在英超遍地開花之時，兵工廠仍然成敗繫於溫格一人。當年還有長袖善舞的戴恩為溫格分憂，如今溫格只能唱獨角戲。一旦他離開，兵工廠會不會像「後佛格森」時代的曼聯，留下無法彌補的真空？

如果可能，兵工廠應儘早任命一位技術總監（當然是在溫格同意的前提下），與溫格展開合作。這樣既能減輕溫格的工作負擔，也可提前為兵工廠的未來布局。哪怕溫格離開，既有路線不至於動搖，新帥也能在這名總監的協助下展開工作，特別是克洛普這樣的歐陸教練，基本上都沒當過英式MANAGER（足球經理）。當然還有另一種可能，就是溫格本人出任技術總監，由他挑選新帥，這是真正的平穩過渡。

歐洲賽事與世界盃

▌誰能阻止巴薩？

文／駱明

如何對付巴薩？這是經久不衰的熱門話題。三個月前，筆者給《全體育》寫了篇「是誰縱容了巴薩」，大意是對巴薩切不可消極死守，大膽進攻才有勝機。2011年12月皇馬對巴薩的國家德比前，筆者在微博中重複了此觀點，引發激烈爭論。

實戰中，穆里尼奧與筆者的意見暗合，他放棄三後腰，排出「4231」，一開場即全線壓上，大膽拚搶，並趁巴爾德斯傳球失誤，開場不到一分鐘即先聲奪人。整個上半場，皇馬與巴薩旗鼓相當。不過，在巴薩變陣3後衛、加強中場後，皇馬漸失控球權，最終1比3落敗。賽後，不少人找到筆者說：看，還是死守才行吧。

桑托斯隊主帥墨里西也是這麼想的，世冠盃對巴薩的決賽前，他公開聲明對攻必死、必須死守。他特地排出三中衛，以「532」應戰巴薩，全隊龜縮半場，結果，以「370」無鋒陣型出戰的巴薩，上半場即輕輕鬆鬆三球領先。0比2落後時，墨里西才以前衛埃拉諾換下後衛加強進攻，雖然局面仍不占優，但博爾熱斯和內馬爾好歹覓得了數次殺機。

討論「如何對付巴薩」，絕不是尋找一種必勝模式，畢竟人家實力世界第一。死守或對攻，對巴薩的勝率都不會高，但我至少能找出幾個強隊靠對攻贏下巴薩的例子，如2010的國際米蘭（歐冠）、2011的兵工廠（歐冠）和皇馬（國王盃決賽）等。有哪個強隊靠死守贏過這支巴薩？我至今沒想出來。

2011年12月的國家德比和世冠盃決賽後，大家都承認，現在這支巴薩接近「無解」，即使關鍵比賽勝巴薩一場，讓他們少拿個把冠軍，巴薩仍會迅速捲土重來。人們只能希望時間擊垮這支巴薩。那麼，未來在什麼情況下，巴薩可能霸業不再？

最大的可能性是瓜迪歐拉的離開。瓜迪歐拉上任後，2009年巴薩成為六冠王，2011年又是五冠王。但他近期還有一個挑戰，那就是讓巴薩成為第一

家衛冕「冠軍聯賽」的球隊。上一次歐冠連莊，還是 1989 年和 1990 年蟬聯「冠軍盃」的 AC 米蘭。設想，如果 2012 年巴薩再奪歐冠，一年 N 冠王又是少不了，瓜迪歐拉待在巴薩還有意思嗎？

瓜迪歐拉是個聰明人，與巴薩的合約是一年一簽，這種「緊張感」保證了他和隊員們的動力，也讓自己可隨時脫身。說不定哪天真有一個極具誘惑力和挑戰性的職位，瓜迪歐拉頭腦一熱成行了呢？早在 2009 年決賽巴薩戰勝曼聯後，本報特約記者穆尼奧斯即爆料：佛格森把瓜迪歐拉視為最佳接班人。兩年已過，佛格森走人仍未提上議事日程，但畢竟爵爺年事已高，若哪天退位，欲「託孤」瓜迪歐拉，瓜帥總該有點心動吧？曼聯畢竟是曼聯，這可是世界足壇最有價值的金字招牌（借用《富比士》品牌價值榜）。

足球是不可預測的，瓜帥離開的方式也不好「預測」。可以肯定的是，一旦他離開，巴薩難免退步。很多人認為，瓜帥的成功得益於超級球員，可自克魯伊夫後，哪個巴薩主帥造出了今日巴薩的壓迫式足球？教練對球隊有多重要，不妨看看國際米蘭。一年前，國際米蘭還是五冠王，在穆里尼奧離開後的一年半，竟然一度陷入「保級戰」。

當然，教練易人不等於球隊末日，重要的是當權者的選才眼光。巴薩這些年的輝煌，全賴克魯伊夫選帥得當。拉波爾塔 2003 年成為巴薩主席後，對克魯伊夫言聽計從，先選定里傑卡爾德當主帥，在前半季的低迷後擬聘斯科拉里，又被克魯伊夫勸住。及至里傑卡爾德 2008 年下野，克魯伊夫又扶正了只執教過巴薩 B 隊的瓜迪歐拉。結果其成功超乎想像。

如今克魯伊夫已與巴薩鬧翻，回師阿賈克斯。一旦瓜迪歐拉他投，可想而知克魯伊夫不會再提建議。當然，他提建議，羅塞爾想必也不會聽。羅塞爾是個商人，選帥自然不會像克魯伊夫那樣眼光獨到，他肯定會選一位「名帥」。這可能把事情搞砸，因為既然是「名帥」，總會信賴自己的成功模式，一旦新模式與巴薩眾將沒有產生化學反應……。

還有一派觀點認為：哈維和伊涅斯塔才是巴薩之魂，只要等到他們「老去」，巴薩自然難有今日高度。哈維和伊涅斯塔確實是足球瑰寶，但只要看看巴薩的歷史就知道，自從克魯伊夫執教巴薩，著力栽培「4 號」傳球者之後，

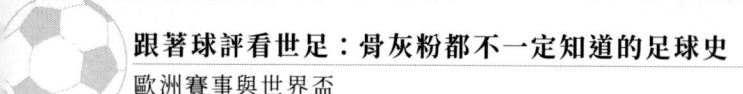

巴薩的中場核心從未斷檔，每 4 年左右必產一人，且有愈發密集之勢。1971 年生的瓜迪歐拉，1976 年的德拉佩納，1980 年的哈維，1984 年的伊涅斯塔，1987 年的法布雷加斯和 1988 年的布斯克茲，1991 年的蒂亞戈……你真的相信哈維和伊涅斯塔會後繼無人麼？

當然還有梅西，他才 24 歲。一般的頂級巨星，狀態保持到 32 歲不成問題。更何況梅西是乖乖仔，幾乎不可能重蹈馬拉度納和小羅納度自我毀滅的覆轍。如果他真在巴薩再踢 8 年……。

能阻止這支巴薩的，真的只有他們的主席羅塞爾了——不知道什麼時候輪到他選帥？

如果球隊沒有教練

文／駱明

很久以來，筆者一直在思索一個問題：如果一支球隊沒有教練，成績會怎麼樣？

說到這個話題，不由得想起巴斯滕的那句名言：「10個教練，只有一個對球隊有益」。寫這篇專欄前，筆者特地找到了這句話的原出處，那是1996年12月10日刊於國際足聯官網的一篇採訪，記者問巴斯滕：「你與世界上最好的教練共事過，對教練整體怎麼看？」退役一年多來極少接受採訪的巴斯滕語出驚人：「我發現，在10個所謂的頂級教練中，只有1個能真正提升球隊，6個無害，有3個甚至會把球隊變得更糟。這也是我為什麼如此尊崇克魯伊夫和薩基，兩個教練都有遠見卓識，能把球隊變得更好。」

巴斯滕的分級，只是針對「頂級教練」，那麼，如果把所有職業教練分級呢？根據教練對球隊的作用，姑且可將其分為六檔：第一檔，超級教練，不僅提升球隊，也讓球員提高。第二檔，優秀教練，充分發揮球隊的潛力。第三檔，平庸教練，不功不過，偶爾下好棋，臭棋也不少。第四檔，差教練，常下臭棋。第五檔，自己是差教練，還被他人左右。第六檔，教練天怨人怒，球員巴不得你走人。如果一支球隊沒有教練，讓隊員自己踢？筆者估計效果在第二檔和第三檔之間。

2013年的巴薩，就遇到了不少狀況。作為「夢三」締造者，去年夏天離開的瓜迪歐拉自然是第一檔教練；瓜迪歐拉助手比拉諾瓦也是「夢三」功臣之一，上任後能率巴薩創造18勝1平的西甲最佳開局，至少應算優秀教練，可惜對皇馬的成績不夠令人信服，能否邁入超級，得看他的造化以及身體狀況；比拉諾瓦赴美養病後，魯拉代行教練之職，他的執教水準難言出色，卻還要被比拉諾瓦越洋遙控，這種違反足球常理的嘗試自然是悲劇性的，應歸入「第五檔」，連負米蘭和皇馬後，巴薩一度走到懸崖邊。

這時的巴薩，進入了一個奇妙的狀態，那就是「球員主政」。兩負皇馬後，巴薩4位隊長召集本賽季全隊第一次聚餐，這次聚餐的效果，展現在主場對

跟著球評看世足：骨灰粉都不一定知道的足球史
歐洲賽事與世界盃

米蘭一戰中。此役一開場，我們就能發現一支異樣的巴薩，所有球員都瘋了似地拚搶，尤其是此前被指「跑動太少」的前場球員，不斷地從米蘭球員腳下斷球，讓對手疲於應付。前場逼搶，本是瓜迪歐拉式控球戰術的精髓之一，但如此烈度的逼搶，在瓜迪歐拉執教的最後時期都幾近絕跡。可見，從「要我搶」到「我要搶」，隊員給自己的壓力比教練更管用。

隊員當家作主，確實勝過一個平庸教練執教，但絕對不是球隊的理想狀態。主場 4：0 勝米蘭，比分完美，但戰術上並不完美。前場逼搶積極，讓米蘭防線漏洞百出，進攻可打滿分，但巴薩的防守實在不敢恭維，米蘭射門多達 10 次，僅比巴薩少 4 次，尼昂的門柱險些改寫歷史，終場前，巴薩主動退守，門前更是受驚不小。這在瓜迪歐拉時期不可想像──嚴密的防守體系，可不是光有球員的主觀能動性就足夠。「瓜時代」有過倒霉的時候，如 2011 年主場對兵工廠，對方全場無射門，居然布斯克茲「主動」烏龍；又如 2012 年主場對切爾西，拉米雷斯斯抓住僅有的機會巧射扳平，為巴薩出局埋下伏筆。但總體而言，在瓜氏巴薩嚴密的控球網中，對方機會寥寥無幾，只能「撞大運」，在諾坎普更是如此。因此，比拉諾瓦盡快歸隊對巴薩在歐冠中前進至關重要。

巴薩大人物眾多，但「球員主政」只是偶爾為之。這方面「最有心得」的，非切爾西莫屬了。藍軍多年來有「五大常委」的說法，特里、蘭帕德、切赫、德羅巴、巴拉克在俱樂部和國家隊都是大哥級人物，任何教練想鎮住他們都不容易。德羅巴和巴拉克離去後，艾許利‧科爾上位，四大常委仍然一言九鼎。2011～2012 賽季迪馬特奧率領切爾西奪得歐冠和足總盃雙冠，最成功的一點便是與常委們關係和睦，讓這個集體強悍的戰鬥力得以發揮，這符合「第二檔教練」的特質。

如果得罪了「常委」，任你是哪方神聖，都將直降入上述「第六檔」。指控常委和其他隊員「故意輸球」可能有些嚴厲，但職業足球中，只要一方稍有鬆懈，敗局可能就接踵而至。

穆里尼奧在切爾西功勳卓著，只因開罪了特里，便在第四個賽季早早走人。斯科拉里、博阿斯與穆里尼奧一樣，都是在葡萄牙立威後信心滿滿地登

陸藍橋，但因與隊員鬧僵，斯科拉里做了8個月，博阿斯也只多待了兩個月。如果你是阿布，對「常委」們的舉動會開心嗎？每開一個教練，都要付出數以千萬計的解約金，阿布這樣的富翁也會肉痛。為什麼遲遲不與蘭帕德續約，為什麼貝尼特斯敢讓特里替補？常委主政的日子快到頭了。無論下賽季誰接替貝尼特斯，都可能不再有大牌掣肘的情況發生，大展鴻圖的機會來了。

鷹眼 PK 人眼

文／駱明

門線技術——即透過科技手段判斷足球是否過線——在 2012 年世冠盃的「處子秀」沒有掀起任何波瀾，但它進入足壇的大勢已不可逆轉。2013 年 3 月，國際足聯為第 4 種門線技術頒發了執照。6 月聯合會盃上，國際足聯將採用德國的「進球控制－4D」系統，英超則決定從下賽季開始使用本國的「鷹眼」，該系統已應用於網球和板球。西甲也表示將考慮門線技術，但會先觀望兩三年，看看哪種技術更便宜。

也有一些機構「逆潮流而動」。歐足聯主席普拉蒂尼便明確反對底線技術，認為歐足聯賽事現採用的底線裁判「更便宜」。而就在英超確定採用「鷹眼」的前一天，義大利足協主席阿貝特認為，義甲沒必要採用門線技術。為什麼這些足球界的頂級機構，會走上截然相反的道路？

錢，是重要因素。無論是「進球控制－4D」還是「鷹眼」，都需要在球場架設 14 臺高速攝影機，所費自然不菲。巴西世界盃一共 12 個場地，以世界盃的暴利程度，採用門線技術自然是小菜一碟。而英超富得流油，在 20 個球場裝上「鷹眼」也不是難事，更何況，每套系統每賽季可以使用至少 19 次，比世界盃的利用率高多了。

歐足聯在歐洲盃上採用門線技術不難，但門線技術在歐冠中推廣的難度太大了。歐冠不是賽會制，賽場遍布全歐洲，不乏老少邊窮地區，有的場地，可能打完三場小組賽後便與歐冠再見。無怪乎普拉蒂尼說：「如果在歐足聯的國家隊和俱樂部賽事中採用門線技術，5 年將花掉 5000 萬歐元。我寧願把這筆錢投入草根，而不是一年裡也許只用判斷一兩個進球的門線技術。」義甲的經濟狀況和西甲相仿，都遠不如英超，自然不會「大幹快上」門線技術。

更重要的是，歐足聯和義甲都在實踐中體會到，有了底裁，真是用不著鷹眼了。2011～2012 賽季義甲第 25 輪，AC 米蘭主場 1 比 1 被尤文圖斯逼平，米蘭中場蒙塔里射門，球過線 51 公分被布馮撈出，卻未算有效，這讓米蘭僅領先少賽一場的尤文圖斯 1 分，埋下失冠伏筆。但本賽季義甲引入底裁後，

所有類似判罰，裁判都「明察秋毫」。歐足聯在去年歐洲盃倒是尷尬了一次，烏克蘭對英格蘭，主隊德維奇的進球被誤判沒有過線，但正如歐足聯首席裁判官科利納所言，這是底裁試用近千場後的唯一誤判。更「幸運」的是，在此球發展過程中，烏克蘭越位在先，底裁的誤判，鬼使神差地拯救了另一次誤判。

沒有試驗過底裁的國際足聯和英超，則深感「幽靈進球」的切膚之痛，因此對門線技術滿懷熱望。2010年世界盃蘭帕德的進球，直接促成門線技術付諸實現。英超上賽季頻現門線冤案，本賽季依然發生。如2012年9月17日，艾佛頓迎戰紐卡索聯，第72分鐘，艾佛頓前鋒阿尼什貝頭球攻門，被客隊後衛威廉姆斯門線解圍，慢鏡頭顯示球整體越線，主裁和邊裁卻視而不見。

鷹眼PK人眼，該選哪一種？如果我是決策者，肯定人眼優先。很簡單，底裁成本更低。在足球運動中，裁判支出本就不大（當然前提是裁判清廉），增加兩個底裁不構成任何壓力，這比安裝及維護門線系統便宜多了。更關鍵的是，除了判斷球過線與否，底裁還能做更多事情。現代足球節奏極快，一個主裁觀察場上局勢力不從心，禁區更是各種爭議的「動感地帶」。有底裁嚴密監視，一是減少禁區內的關鍵誤判，二來對雙方球員都造成心理威懾的作用，假摔或犯規多少謹慎一些。

而且門線技術並不是萬能的，尤其是現在擬採用的兩種技術，都透過攝影機回放來判斷。假設球正好被門將摁在身下，攝影機照樣看不到！這並非吹毛求疵，2012年4月15日足總盃半決賽便有相近例子，切爾西主場5:1勝熱刺，馬塔攻入藍軍第二球時，熱刺門將、兩名防守者與特里共4人糾纏倒在門線附近，球正好打在他們身下，事後普遍認為此球未進，但現場鏡頭多角度回放，一時都很難確定。單看這一點，「晶片足球」似乎是更保險的選擇——在足球中植入晶片，一過線便自動感應。

從足球本身的角度來看，底裁也占據了道德高地。即使是我們身邊的業餘球賽，採用底裁也可以立馬辦到，而門線技術注定只能在高級別職業足球賽中採用，這必然把足球分成兩類：富人的足球和窮人的足球。

當然，底線裁判終究可能犯錯，如果在重要賽事中再出現一次英烏之戰的尷尬，便可能毀掉底線裁判的名聲。在特定場合，如世界盃或歐洲盃上，鷹眼和人眼完全可以並行不悖：使用門線技術，可基本杜絕門線懸案，而底裁協助主裁嚴管禁區，甚至可以在門線技術失靈（機器和人一樣會犯錯）時幫上一把。

歐足聯何苦強求「財政公平」

文／駱明

　　63 歲的溫格越來越像個「憤青」，經常「吐槽」足球圈的各種時事。本賽季初他再發高論，聲稱歐足聯的「財政公平法案」是個笑話，「太奇怪了，『財政公平法案』實施這些年，足球世界完全變得瘋狂。」、「財政公平法案」要求各俱樂部收支平衡，兵工廠顯然做到了這一點，但皇馬可以拿出數以億計的錢買貝爾，巴黎聖日耳曼和摩納哥的轉會費也遠超 1 億歐元，這讓溫格心裡不爽——如果各俱樂部真的量入為出，恐怕兵工廠不會落到今天這步田地。

　　溫格對皇馬的批評並不準確。皇馬拿 1 億歐元買人，也不見得違反了「財政公平法案」。以 2013 年 1 月德勤會計事務所的數據，皇馬以 2011～2012 賽季的 5.126 億歐元收入排名世界俱樂部之首，去年夏天雖然重金買了伊斯科和伊利亞拉門迪，但賣出伊瓜因等人回籠大筆資金，以他們的財大氣粗，買個貝爾又算什麼？但巴黎聖日耳曼和摩納哥肯定有詐，他們的收入顯然支撐不了那驚人的開銷。

　　真正想砸錢的富豪，完全可以繞開「財政公平法案」。富豪們直接燒錢可能不合規，卻可以透過與他們有關係的公司來掏「贊助費」，大大增加俱樂部的收入。例如曼城與伊蒂哈德所簽的贊助合約為期十年，每年 4000 萬英鎊，而該航空公司就隸屬於曼城的阿布達比老闆；巴黎聖日耳曼更離譜，他們與卡達旅遊局簽訂了每年 1.25 億英鎊的贊助合約，而巴黎聖日耳曼的後臺老闆正是卡達人……。歐足聯當然不是傻子，上賽季他們就曾警告了切爾西、曼城和巴黎聖日耳曼，要求他們證明自己沒有「作弊」。如今曼城和巴黎聖日耳曼都可能受到歐足聯的懲罰。

　　其實筆者也覺得「財政公平法案」有問題，只是出發點和溫格不一樣。他覺得法案沒有限制住有錢俱樂部買人，而筆者覺得根本不該限制俱樂部買人。為什麼一定要求俱樂部量入為出、收支平衡？就拿曼城和聖日耳曼來說，他們在燒錢的最初幾年肯定是虧損，但隨著名頭打響，門票、贊助和商業開

發自然水漲船高，不需要再拚命燒錢。簡言之，最初的這筆投入，相當於創業者的啟動資金，在商業世界裡，哪有要求創業者一開始就盈虧平衡的？

如果要求俱樂部都量入為出，那麼足球世界將是死水一潭。強者恆強——依靠自己的力量，從小俱樂部成長為豪門，如此童話在當代只存在於「足球經理」遊戲中。沒有切爾西的急速崛起，英超恐怕仍是曼聯和兵工廠的雙頭戲。曼城永遠無法挑戰曼聯。如果巴黎聖日耳曼只靠自己，法甲在里昂衰落後將被歐洲遺忘。再說了，當年 AC 米蘭復興，不也是因為貝盧斯科尼砸錢嗎？如果從一開始就嚴格要求收支平衡，我們恐怕很難看到這 20 多年來的「米蘭盛世」。

話說回來，「財政公平法案」並非沒有正面意義。他防不住「富人」，卻可以防住那些投機分子。富人們錢是真多，想著法子花出去，如巴黎的老闆；投機分子是冒充錢多，扯虎皮作大旗，玩著玩著發現錢不夠了，於是產生各種問題。馬拉加便是一例，卡達老闆入主後雄心勃勃，蒐集了一幫明星，迅速成為西甲新勢力，上賽季殺進歐冠八強，卻被歐足聯停賽一年，便是因為欠了其他俱樂部及本隊員工的錢，這是「財政公平法案」絕對禁止的。

中超也有這樣的投機分子，如朱駿。他號稱自己不缺錢，像盡辦法說服德羅巴和阿內爾卡到中國，卻養不起這兩尊大神，無奈放虎歸歐。這極大地破壞了中超的形象。申花還不時傳出欠薪傳聞，如果中超有類似歐足聯的「財政公平法案」，朱駿焉能如此放肆？

財政公平法案並不是「惡法」。除了「不得欠債」，還對參加歐戰的俱樂部有諸多要求，例如青訓體制、俱樂部架構等，無不是為了俱樂部的永續發展。一條條讀下來，你會佩服，這真是個好法案。如果它更早些實施，就不會有里茲聯泡沫破滅、從歐冠一路跌到低級別聯賽的悲劇，義甲的拿坡里和佛倫提那不會在十年前雙雙破產。也正是「財政公平法案」，逼得西甲行動起來，本賽季給俱樂部帶上「薪資上限」，工資超額部分的新援將不能註冊，這也是西甲除了皇馬巴薩之外紛紛拋售的原因。陣痛固然難熬，但不這麼做，西甲的巨額債務永無消減之日。

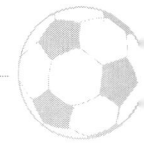

無法堵住富豪們的關聯交易,這只不過是「財政公平法案」的小小漏洞,瑕不掩瑜。更何況,這點小漏洞自有其益處,一是讓大筆活錢流入足球圈,二是讓新興豪門崛起,給足球版圖帶來新意思。也許再過五年或十年,溫格先生會對「財政公平法案」給出正面評價。

跟著球評看世足：骨灰粉都不一定知道的足球史
歐洲賽事與世界盃

▎讓改變發生

文／駱明

　　讓人改變慣性很難，尤其是這種慣性無害之時。我們習慣了在六七月間的夏夜看世界盃和歐洲盃，習慣了在一個（或兩個）國家舉行的足球大賽，因此，當2020年歐洲盃和2022年世界盃接連發生重大改變之時，便在中國球迷中激起罵聲一片。

　　2020年歐洲盃是地點上的改變，以往歐洲盃都由一國或兩國舉辦，而2020年歐洲盃將由歐洲13國聯合舉辦，一國一城。2022年世界盃則是時間上的改變，雖然是否改期、如何改期這些問題，國際足聯要到2014年世界盃後才定奪，但移至冬季已難逆轉。一來不可能在卡達的酷暑辦，二來改主辦地也不現實，於是，冬季來踢世界盃就像頭上的虱子——明擺著。

　　中國球迷對冬季世界盃的成見可以理解，他們習慣了歐洲聯賽的節奏，習慣了夏季邊喝啤酒邊看世界盃。至於部分人批評2020年歐洲盃，就有點不知所謂了。歐洲盃在一國還是多國辦，基本不影響中國球迷看球，除非你準備現場看多場比賽——雖然在歐洲看球，跋涉距離和在中國國內旅行差不多。

　　事實上，在各大足聯的諸多改革措施中，2020年「全歐歐洲盃」堪稱最受好評之一。普拉蒂尼在2012年歐洲盃結束時提出此設想，馬上得到歐洲各方的認可，並在2013年1月迅速透過，一來讓歐洲各國利益均霑，二來經濟危機背景下，一國辦24隊歐洲盃有些吃力。這個變革中，記者可能是「受害」最深的群體，因為記者們在全歐洲範圍內往來奔波，多少有些不便。但筆者必須承認，這個構想真的很厲害，它讓全歐洲加入這個大派對。在中國受到批評，恐怕還是因為歐足聯在中國的形象很微妙。2009年的切爾西對巴薩之後，「乾爹」之說在中國漸廣（乾爹意指裁判不公的意思），於是只要是普拉蒂尼和歐足聯的決定，中國球迷不分青紅皂白罵了再說，看來，歐足聯真的需要在中國做些公關了。平心而論，歐足聯恐怕是世界上最出色的跨政府組織之一，與國際足聯恰成對照。

2022年世界盃鬧劇就是國際足聯黑箱操作的最好寫照。卡達夏天那麼熱，在申辦國的評估報告中排名最末，但卡達憑藉雄厚財力和利益交換，搞定了歐洲大國。其實大家都知道卡達的夏天沒法踢球，申辦投票剛結束，貝肯鮑爾等名宿便建議改到冬天，歐足聯主席普拉蒂尼也旗幟鮮明地表示支持。雖然現在還在討論具體比賽時間，但普拉蒂尼在2012年9月即披露了他的方案，「世界盃在1月辦很難，因為冬奧會。如果我們在11月2日至12月20日停辦（歐洲賽事），那意味著歐洲聯賽不在5月結束，而在6月結束。」

按照普拉蒂尼的設想，只需將歐洲聯賽時段（11月2日至12月20日）與世界盃時段（5月10日至7月10日）交換即可。世界盃結束，球員們正好去過聖誕，假期後照常回俱樂部報到，踢到6月底7月初收工，不會多打一場比賽，也不會少休一天假。唯一的不適，可能是主流歐洲聯賽中斷了兩個月，可世界盃放在六七月，不也讓包括中超在內的很多聯賽中斷很久嗎？

至於歐洲聯賽在夏天進行，會不會影響質量？既然世界盃可以在夏天踢，為什麼歐洲聯賽不可以？歐洲和中國的夏天完全不一樣，溫度適中、氣候乾燥，十分宜人。無論是西歐的法國、德國、英格蘭、荷蘭，還是南歐的西班牙、義大利、葡萄牙，這30年都在夏天舉辦過世界盃或歐洲盃，比賽均很成功。筆者6月去歐洲採訪大賽時，酷暑極少見，倒是偶爾因穿衣不夠，在看臺上凍得瑟瑟發抖。

相比起來，11月和12月，歐洲先後進入嚴冬，各大聯賽都不乏冬天惡劣天氣影響比賽的例子。是慣性的力量，讓歐洲足球人踢了上百年聯賽後才開始思考，為什麼在美好的夏天不安排聯賽？歐足聯祕書長因凡蒂諾說：「（冬天）你會看到球場的人戴著帽子和圍巾。英國帶給我們這項美妙的運動，但為什麼他們（當年）決定在冬天踢足球而夏天不踢？原因是板球（在夏天進行）。6月實在是踢足球的最美妙一月。」

那麼對於中國球迷呢？中國大部分地區的6月很難熬，即使半夜看球，也容易一身臭汗，在用電高峰期打開空調很不環保。世界盃與學校考試時間重合，也讓很多學生無法正常看球。11月和12月看球則無這些顧慮，最寒

冷的冬夜尚未到來（北方集體供暖，更是不會增加碳排放），學子備考也未到關鍵階段。

讓改變發生吧！至少筆者已經很憧憬2020歐洲盃和2022世界盃的到來了。

米蘭之家

文／駱明

走上聖西羅看臺的那一刻，覺得自己實在很幸運。

筆者兩次進入這座球場。第一次是 2007 年，到米蘭參加中義足球論壇，正值國際米蘭為贊助商舉辦一場小型錦標賽之際，筆者竟然有幸登場踢了十來分鐘。7 年後重訪米蘭，是為了給本田圭佑頒發首屆亞洲金球獎。AC 米蘭俱樂部給我們留出了最好的位置：場邊第一排的行政包廂座位。

不料一落座，筆者卻覺得有些不適，因為坐在第一排，正好被球場邊的欄杆擋住視線。筆者馬上想起 2013 年 6 月中國對荷蘭的友誼賽，此戰在北京工人體育場（簡稱工體）進行，筆者的票還算不錯，離場地很近，但一坐下，就發現場邊高高豎起的防護網太過礙眼，一轉身混到了高層看臺，雖然那裡的票更便宜，但視野好多了。這次在聖西羅，筆者當然沒有這麼做，而且聖西羅的欄杆比工體的網子低很多，也沒有那麼密，對觀賽的影響更小些。

因離球場近，能看到很多生動的細節，例如巴洛特利第 76 分鐘踢進罰球將比分扳成 2：2 時，卡卡還停留在場邊，在筆者正前方喝水。當時覺得奇怪，踢罰球時，隊友（尤其是前場的隊友）難道不該準備補射或參與二次進攻嗎？米蘭為他們的鬆懈付出了代價，巴神進球後僅 2 分鐘，阿毛里為帕爾馬再度超出，最終 AC 米蘭 2：4 告負。

這是一次愉悅的觀賽經歷。聖西羅是世界足球的聖地之一，如果你是以著朝聖的目的去看球，一定會留下終身難忘的印象，但不得不承認，這個體育場有些老舊，跟不上時代了。

入行的最初年頭，每屆大賽都要到場，去過法國、荷蘭、日本、葡萄牙等多國大小賽場，世界盃和歐洲盃的決賽都看過，但讓筆者覺得氣氛最好的還是一場聯賽：2006～2007 賽季的西甲收官戰，皇馬主場 3：1 逆轉馬洛卡，捧得聯賽獎盃。有賴本報駐西班牙記者濱岩之助，我拿著一張皇馬會員證進了場。伯納烏有四層看臺，且極為「陡峭」，筆者坐在高處，有如在懸崖邊

跟著球評看世足：骨灰粉都不一定知道的足球史
歐洲賽事與世界盃

看球。正因球場明顯「收攏」，現場音效極佳，人聲一起便震耳欲聾，在皇馬進球及慶祝冠軍到來的時刻，耳膜激盪，有時不得不矇住雙耳。

皇馬真得感謝偉大的聖地亞哥・伯納烏先生。1940年代，他從銀行借款，買下馬德里市中心的地皮，建起一座巨大的球場。時至今日，伯納烏仍然是歐洲頂級俱樂部中容量第二的主場。2013年底，皇馬又公布了雄心勃勃的改造計劃，投資4億歐元，對球場做進一步升級，設立豪華酒店和商業中心。相比之下，AC米蘭計劃中能容納5.5萬名球迷的現代化球場，預計開銷也不過「至少3億歐元」，且至今仍是空中樓閣，與皇馬的差距不可以道里計。

米蘭沒有專屬球場，這極大影響了俱樂部的商業運營。這次觀球，筆者有幸進入了聖西羅球場的隱祕部分，從停車場進入，上貴賓廳，直至球員通道，一路都是紅黑色。但這座球場並不只屬於AC米蘭，上次來聖西羅踢球，我曾在貴賓廳出席宴會，當時廳內是完全的藍黑元素。想想工作人員不斷地切換兩種色調，也是一種麻煩的事情。聖西羅絕無可能像安菲爾德球場一樣，在球員通道的利物浦隊徽旁配上「This is Anfield（這是安菲爾德球場）」。

AC米蘭把新總部設在聖西羅附近，也是為了有一塊長久的根據地。球迷看球前，可以在「米蘭之家」的博物館、餐廳、商店消費一番。由於本田圭佑加盟AC米蘭，此次觀球一路上碰到很多日本球迷。而對於中國蓬勃興起的「窮遊一族」，很多人去米蘭時都會順便看場球。「米蘭之家」正式對球迷開放後，這裡想必也會成為米蘭攻略的重要一站。

但與皇馬的酒店及商業中心相比，如此攢錢還是未免太慢。筆者不禁深深憂慮AC米蘭的未來。米蘭在中國的影響力毋庸多說，「荷蘭三劍客」是中國球迷放眼歐洲聯賽的啟蒙老師；中國的中生代球迷裡，米蘭球迷占據絕對統治地位。筆者的諸多朋友也是Milanista（米蘭球迷）。2011年義大利超級盃，米蘭雙雄的中國球迷去鳥巢朝聖，現場氣氛讓筆者頗為感動。據說那是京滬高鐵2011年6月開通後第一次爆滿，無數人從江浙滬北上北京。可惜，下賽季，米蘭雙雄都很可能無緣歐冠，這將是2001～2002賽季以來的第一次。

三十年河東，三十年河西。國際足壇的勢力版圖在不斷變化，米蘭消沉也許只是暫時，但歸根結底，金錢是豪門霸業的根基。AC 米蘭的投入在義甲仍是數一數二，找個好教練，殺回歐冠並不難。但在皇馬、巴薩、拜仁等富家及巴黎、曼城、切爾西等「土豪」的重壓下，他們想回到歐冠巔峰，真不知要等到何時了。

那些「坑了」義大利隊的記者們

文／駱明

每逢世界盃或歐洲盃這樣的大賽，《體壇週報》都會開一個專欄叫「高端對話」，由我們的記者或特約記者採訪國外球員或名宿。不過，義大利國腳一直緣慳這個專欄。不是我們不努力，而是義大利隊封閉得太厲害，即使是義大利的三大體育報，大賽期間也無法做到球員獨家專訪，只能在混合區或新聞發表會向球員提問。

我一直不理解為何義大利隊在大賽期間如此「沉默」，直到最近看了《世界盃冠軍志之義大利》一書，才恍然大悟。原來媒體在義大利隊的世界盃征程中有如此大的影響，甚至可以說，很多時候，義大利隊不僅要與對手作戰，還得與媒體作戰。

義大利隊成立之初可不是這樣。1910年5月15日，義大利國家隊進行了第一次正式比賽，在米蘭6：2擊敗法國。此後兩年，義大利隊沒有真正的主教練，由足協官員、記者、裁判和著名球星組成的委員會投票決定球員人選。這是記者在國家隊「最有話語權」的階段，直到1912年波佐上任——波佐率義大利隊在1934年和1938年蟬聯世界盃，至今沒有哪位教練可以複製這一壯舉。

媒體再一次對義大利隊產生決定性影響，已是50年之後。1962年世界盃在智利舉行。此前兩年的1960年，智利發生9.5級強震，損失慘重，但以一句「我們已經一無所有，但不能失去世界盃」保住了主辦權。世界盃前，兩位義大利記者——《晚郵報》的基雷利和《民族報》的皮齊內利先期探訪東道國，把智利寫成了「悲慘世界」。於是，義大利成了最不受歡迎的客隊。第二輪小組賽遇上智利，在裁判偏袒下，東道主拳腳並用，義大利兩人被罰下、一人被打斷鼻子，0：2告負，最終小組未出線。

這屆世界盃還有個插曲。義足協原希望剛率AC米蘭奪得1961～1962賽季義甲冠軍的羅科執教，羅科人已到了巴西，準備去阿根廷與國家隊會合，這時他給名記布雷拉寫了封信，抱怨國家隊教練組搭檔。布雷拉卻將這封信

那些「坑了」義大利隊的記者們

發在報紙上，於是羅科被搭檔抵制，他飛到阿根廷後馬上閃人。正是這個布雷拉，4年後在義大利對北韓的比賽前寫道：「如果連北韓都打不贏，我一輩子再也不寫足球了。」結果義大利輸給北韓回家，布雷拉也食言了。

那時，媒體話語權極大，他們的觀點可以左右國家隊主帥的用人。AC米蘭中場里維拉1969年成為第一位捧得金球獎的義大利人，但義大利名記批評他攻強守弱，義大利主帥瓦爾卡雷吉無奈發明「接力棒」，讓里維拉與國際米蘭中場馬佐拉各踢半場。半決賽4：3勝德國的經典大戰後，義大利在決賽中1：4負於巴西，這是二戰後藍軍最佳成績。但回國時，羅馬機場外卻有大量球迷前來抗議，他們並非抗議球員，矛頭直指主帥、領導和媒體，為里維拉鳴不平。

1974年世界盃，更嚴重的更衣室矛盾爆發了，而媒體成了當事人的「傳聲筒」，義大利隊小組未出線。到了1978年世界盃，名帥貝阿爾佐特徹底封閉球隊，不允許媒體再像過往那樣隨意與球員們接近，既避免消極情緒傳入球隊，更可避免內部矛盾透過媒體傳遞出去。義大利記者們突然發現，除了新聞發表會，什麼都沒了。可想而知，他們把怒火傾洩到對球隊的批評上。但新生的義大利隊勇奪第四名，戰勝東道主阿根廷，對陣荷蘭和巴西也只是惜敗。回國後，義大利球員們在機場受到了英雄般的歡迎，球迷的番茄和臭雞蛋則留給了記者團。4年後，貝阿爾佐特故技重施，並以奪得世界盃痛擊了批評他的記者。義大利記者的「慘敗」，直接導致我們如今在大賽期間看不到義大利球員的「專訪」。

當然，那些「耳根軟」的主帥，仍難免受到媒體干擾。例如1998年世界盃，兩個「9號半」皮耶羅與巴吉歐展開正面競爭。之前賽季，皮耶羅打入32球，幫助尤文圖斯奪得義甲冠軍並打入歐冠決賽，並拿到了義大利隊的「10號」，但他在歐冠決賽中受了傷，世界盃上狀態不佳。而巴吉歐在波隆那創下個人最佳賽季進球紀錄（22球），順理成章成為首發，並在前兩場小組賽中表現優異。但在部分國內媒體和贊助商施壓下，主帥老馬爾蒂尼在小組第三戰遣上皮耶羅，結果皮耶羅的表現反不如替補上場的巴吉歐。誰知到了淘汰賽對挪威和法國，老馬爾蒂尼仍然讓皮耶羅首發，皮耶羅卻寸功未

129

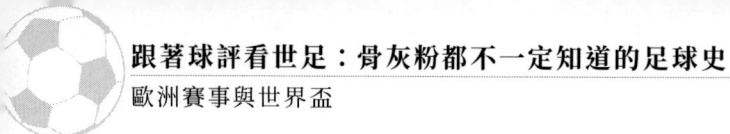

立。義大利PK戰輸給法國後，老馬受到諸多批評，皮耶羅和巴吉歐的交替使用就是最大罪狀之一。巴吉歐是如此得人心，以至於2002年世界盃，特拉帕托尼索性不帶巴吉歐了，因為這時巴吉歐已難勝任主力，而只要他一打替補，媒體球迷就議論紛紛。

當然，封閉媒體不是萬能的。西班牙隊對媒體全開放，也不誤他們大賽三連冠，博斯克對媒體批評充耳不聞就是了。重溫義大利隊戰史，再次強化了一個觀念：媒體，永遠是足球運動中的重要角色。

米蘭「雙熊」，學學馬競！

文／駱明

2013～2014賽季前，沒人想到西甲能到達又一個巔峰，繼2006年後再度包攬歐戰榮譽。

2013年，德甲作為「最健康聯賽」強勢崛起，拜仁和多特蒙德把歐冠決賽變成「德國盃」；英超借助高漲的電視轉播費重金買人，尤其是大挖西甲牆腳。西甲則迎來「清倉」時代，受歐足聯「公平競賽政策」影響，以及對欠薪積習忍無可忍，西甲聯盟本賽季前對薪資上限和轉會收支頒布了嚴格標準。2013年夏天，西甲賣人近5億歐元，淨賺1億歐元有餘。馬德里競技賣了鎮山之寶法爾考，瓦倫西亞走了索爾達多，塞維亞更是把能賣上價的都送走了，如內格雷多、納瓦斯、孔多比亞等。

不料2013～2014賽季西甲大爆發，淘汰賽六隊外戰全勝。馬競與皇馬會師歐冠決賽，瓦倫西亞和塞維亞在歐聯盃半決賽中相遇，塞維亞最終決賽戰勝本菲卡奪冠。同時馬競還加冕西甲冠軍，塞維亞也從上賽季西甲第9升至目前的第5，一度有望進軍歐冠。一朋友難以置信：「2013年夏天賣了9000萬歐元，塞維亞還這麼強，這不科學！」

2013年恆大奪得亞冠後，中超曾陷入金錢崇拜，認為職業足球便是燒錢，只要持續燒錢，中超雄霸亞洲指日可待。但本賽季魯能等隊燒錢後的慘狀，以及韓國俱樂部小本經營卻依舊大殺四方，這些事實告訴我們，職業足球絕不僅僅是比燒錢。

西甲有多輝煌，義甲就有多落寞。下賽季，米蘭雙雄均無緣歐冠，這是2001～2002賽季以來的第一次，探討沉淪之因，「沒錢」被放在第一位。但看看德勤今年1月發表的全球俱樂部收入排行榜，AC米蘭排在第10，國際米蘭第15，馬競只列第20，塞維亞更是沒上榜。即使在義甲內部比，AC米蘭（1.05億歐元）和國際米蘭（9500萬歐元）的年度工資分列義甲二、三位，僅次於尤文圖斯（1.15億歐元），遠高於拿坡里（7400萬歐元）和

跟著球評看世足：骨灰粉都不一定知道的足球史
歐洲賽事與世界盃

羅馬（6250萬歐元）。歐戰無成就還倒罷了，在義甲都進不了前四，能怪自己「沒錢」嗎？

馬競和塞維亞的成功有其共性：「良好的青訓＋得力的經理層＋超級主帥＋低薪＋高價賣人」。西班牙本就是青訓強國，馬競和塞維亞又算佼佼者；馬競的球探系統向來以挖掘前鋒和門將享譽足球界（如迪亞哥‧科斯塔和庫爾圖瓦），塞維亞的體育經理蒙奇亦是西甲有名的神奇管家，去夏「大清倉」後，蒙奇全世界撿破爛，居然湊成一支王者之師；馬競主帥西蒙尼是當今最紅主帥，塞維亞的埃梅里也是西甲少壯派代表，該隊法國前鋒加梅洛讚道：「他為足球而生，我第一次見到有教練入戲如此深。」

低薪＋高價賣人，這看似窘迫下的無奈之舉，卻大大改善了球隊的財政狀況。更關鍵的是，這讓球員踢球時動力十足：雖然現在拿得少，但只要表現出色，就能去豪門拿高薪，俱樂部絕對樂於放人。

這種成功模式並非西甲首創，波爾圖已經玩了好多年。這個「歐洲第一黑店」，自己培養或從南美挖來大量希望之星，只要買家上門給出高價，必定放人，加上穆里尼奧和博阿斯等少帥指點，波爾圖成了21世紀奪得歐洲兩大盃最多的球隊（與巴薩、塞維亞同為3次）。多特蒙德走的亦是「波爾圖路線」，雖然賣人常是迫不得已，但流失了沙欣、香川真司、格策、萊萬多夫斯基等MVP後，他們總能迅速挖到合適的替補，克洛普的整體足球威力不減。

米蘭雙雄的癥結在於，明明經濟實力不如以往，卻沒有放下身段轉換路線。加利亞尼號稱「義甲第一經理」，以總能廉價羅致大牌聞名。可轉會費低往往意味著高工資，如羅比尼奧和梅克斯，以自由身加盟，拿著AC米蘭頂薪（450萬歐元／年）混日子，卻很難處理掉。如今的AC米蘭，除了巴洛特利，還有誰能賣出高價？米蘭對教練的選擇也太隨便，阿萊格里走了，居然請來毫無經驗的西多夫，這可不是老貝富甲歐洲的時代，隨便來個教練也能成功。

國際米蘭2010年奪得三冠王後，留住所有重臣，錯失了第一次換血良機，近年來大降薪又操之過急。如今國際米蘭一大幫南美各國名不見經傳的

外援，這點倒挺像波爾圖。他們的失策之處在於青訓完全浪費（AC米蘭青訓雖差，還提拔了德西利奧等人），此外還保留了老豪門的做派，好球員總想留住，如瓜林，豪門索價時不賣，後來交換武齊尼奇更是莫名其妙，以至於他現在很不開心。更好笑的是，新老闆托希爾強調自負盈虧，卻違背降薪大宗旨，以400萬歐元年薪簽下維迪奇，還準備從英超淘其他「免費」老將，他真以為自己占了便宜？

　　拿坡里和羅馬不如米蘭雙雄有錢，但去年夏天賣人得力，大換血極為成功，同時從外國覓得良帥貝尼特斯和魯迪・加西亞。米蘭雙雄如果不換活法，別說歐冠復興，在義甲重新出頭都難。其實他們坐擁「金字招牌」，新秀們來到米蘭，關注度必然上升，鍍金一下，賣高價不難（如蒂亞戈・席爾瓦）。當「義甲波爾圖」，真的不丟人。

皇馬第 10 冠，非銀河戰艦式勝利

文／駱明

皇馬逆轉馬競歐冠奪盃，幾乎是 2014 年 3 月 2 日聯賽馬德里比的重演，唯一區別是前者多打了 30 分鐘。

2014 年 3 月的卡爾德隆之戰，開場僅 3 分鐘本澤馬即為皇馬首開紀錄，馬競憑藉科克和加比的進球頑強反超，下半場之初仍以強悍的逼搶牢牢控制局面。但與歐冠決賽一樣，一進入換人時段，皇馬便逐級提速。這兩戰，安切洛蒂派上的替補都是馬塞洛、伊斯科外加一個青訓產品（分別是卡瓦哈爾和莫拉塔）。馬塞洛是世界最佳左後衛之一，伊斯科是歐洲金童獎得主，他們的上場迅速給皇馬注入活力。而西蒙尼的替補席沒有好牌，只能眼睜睜看著皇馬收復失地。兩場德比，馬競均在 80 分鐘後被扳平。尤其是歐冠決賽，塞爾吉奧‧拉莫斯補時第 3 分鐘頭球破門，這是馬競的不幸，但機會良多的皇馬本可更早追平。

2014 年 3 月德比，馬競神鋒迪亞哥‧科斯塔和中場陰謀家阿爾達‧圖蘭打滿全場。在兩人歐冠決賽未出力的情況下，馬競還差點奪冠，西蒙尼榨出了這支球隊的所有潛力。因為決賽告負，西蒙尼給馬競的賽季打了 9.5 分。其實西甲奪冠、歐冠進決賽，馬競已配得上 10 分，這場功虧一簣的決賽，該加 0.5 分才是。

皇馬首發陣容鬥不過馬競，但在板凳深度上，終於體現出金錢的威力，皇馬主席弗洛倫蒂諾在等待 12 年之後，收穫了他的第二座歐冠獎盃。有趣的是，當年弗洛倫蒂諾大手筆購星，令皇馬得號「銀河戰艦（Galacitos）」，如今皇馬仍花錢不少，但在歐冠奪冠之際，這個稱號在西班牙已被人遺忘。

現在的皇馬，只有一位真正的「銀河巨星」——C 羅。C 羅之外，僅卡西亞斯在 2008 年借西班牙隊的歐洲盃拿過金球獎第 4，其他皇馬眾將，從未進過金球獎前五！但莫德里奇和迪馬里亞等實力派戰將，都在本賽季奉獻了世界頂級的表現。在安切洛蒂圓滑手腕的協調下，皇馬形成了堅強的戰鬥集體，即使王牌 C 羅賽季末受傷病困擾，仍完美收官。

2009年夏天復辟皇馬後，弗洛倫蒂諾一度繼續醉心於「銀河戰艦」路線，同時購入卡卡和C羅。但血淋淋的失敗，讓他逐漸改變只信巨星的哲學（控制轉會的穆里尼奧亦有貢獻），本賽季前更是一口氣收入三名本土新秀（卡瓦哈爾、伊斯科、伊利亞拉門迪），這在以往是不可想像的。

唯一有爭議的轉會是貝爾。貝爾有潛力成為「銀河巨星」，但1億歐元的轉會費仍顯太高。所幸貝爾尚未功成名就，千萬年薪仍與C羅相差甚遠，故而他順利地被C羅及更衣室接納，本賽季立下殊功，包括兩場決賽的決定性進球。

相比之下，去年巴薩購入內馬爾則後患多多。內馬爾轉會費最初公布為5700萬歐元，隨著內幕逐漸曝光，實際數額不斷攀升，甚至可能超過1億歐元。更要命的是，這筆錢很大一部分落入了內馬爾家人的腰包，加上內馬爾本已超千萬的基本年薪，他在巴薩的年收入直逼2000萬歐元。巴薩名宿克魯伊夫直言：「巴薩的麻煩在於簽下了一位21歲的球員，而他的工資要高於那些為巴薩贏得一切的球員。」撫慰老臣，唯一辦法是加薪。梅西剛成為世界第一高薪，而伊涅斯塔等巨星續約時也只得大幅漲薪，結果是抬高了巴薩整體薪水。

根據2014年4月ESPN（Entertainment and Sports Programming Network，娛樂與體育節目電視網）的數據，巴薩球員平均年薪為世界運動隊第5（745萬美元），緊隨第4位的皇馬（759萬美元）。新一輪加薪運動後，巴薩可望追近甚至反超皇馬，但兩隊板凳深度相差太多，尤其是中後場，巴薩任何大將都「傷不起」。這不正是當年皇馬「銀河戰艦」的窘狀嗎？

2002年皇馬拿到歐冠第9冠後，弗洛倫蒂諾的巨星政策讓皇馬星際迷航，這12年，眼睜睜看著巴薩拿了3個歐冠。如今巴薩變成了中前場堆砌巨星卻問題多多的「銀河戰艦」，皇馬卻重登歐洲之巔，這真是足球的輪迴。但願弗洛倫蒂諾不會被第10冠沖昏頭腦，重新去搜刮成名巨星。有星星C羅和準星星貝爾，馬德里的夜空已經很燦爛了！

從破產到升超，7 年的童話

文／克韓

2015 年 4 月 27 日晚間，3：0 完勝博爾頓後的伯恩茅斯更衣室到處都是噴灑的香檳。理論上，他們還沒有到慶祝的時候，畢竟他們只領先身後的米德斯堡（簡稱米堡）3 分，而英冠還剩最後一輪。但實際上翻盤的可能性也只存在於理論中了：唯一積分追得上伯恩茅斯的米堡淨勝球為＋31，而伯恩茅斯為＋50，在一輪之內完成 20 個淨勝球的大逆轉，難度無限接近於零。這意味著，伯恩茅斯這支成立於 1890 年、此前 125 年從未升入過頂級聯賽的球隊，終於要破天荒了。

其實本賽季大部分時間裡，伯恩茅斯一直領跑英冠，能在 27 日基本確定升級奇蹟，他們實至名歸：截止倒數第 2 輪，他們進球 95 個，是英冠最多的。他們的升超，也將終結自 2011～2012 賽季博爾頓和布萊克本降級後英超沒有 B 字頭球會的歷史。

這將是英超迎來的第 47 路諸侯，他們只能容納 1.2 萬人的金沙球場也將是英超歷史上最小的球場。歷史上英超有過不少可歌可泣的小球會，如 1993 年在霍德爾帶領下升級的斯溫登；1997 年升超的巴恩斯利（109 年首次進入頂級）；2009 年首次亮相、城市人口不如老特拉福德滿座人數的伯恩利；2010 年以英冠最低工資帳單奇蹟升超的黑潭……。現在，我們將看到又一位「新人」。

黑潭射手奧默羅德當年形容隨「黑池」殺入英超的感覺時，曾留下一句名言：「感覺我們就像是在沒有太空火箭、甚至沒有戴頭盔的情況下登月成功。」伯恩茅斯的升級同樣是個奇蹟：僅僅 7 年前的 2008 年夏天，深陷英乙（第 4 級）的他們距離破產清盤只差 24 小時；2014～2015 賽季之前，伯恩茅斯的史上最高聯賽排名是上季的英冠第 10。俱樂部現任主席莫斯廷就說：「伯恩茅斯的升超，是安徒生擱筆後最偉大的童話。」

神奇主帥埃迪‧霍維也承認：「這一切都不像是真實的。」埃迪‧霍維是升超的最大功臣。2008 年 12 月 31 日，球員生涯大部分時間在伯恩茅斯

度過的他接任時,年方 31 歲,是英格蘭聯賽(英超之外的三級聯賽)中最年輕的主帥。而且那個賽季伯恩茅斯因財務問題開局被扣 17 分,等埃迪‧霍維接手時球隊在榜尾牢底坐穿。

但埃迪‧霍維的奇蹟就此開始:執教的第一個賽季,負 17 分開局的球隊在倒數第二輪成功保級。第二個賽季,他帶領球隊以英乙亞軍的身分升級,然後跳槽去伯恩利。離開埃迪‧霍維後,伯恩茅斯在英甲的第一季曾殺入升冠附加賽,但未成功。直到 2012 年 10 月埃迪‧霍維回歸:此前球隊 11 輪只勝 1 場,接近降級邊緣;而他接手後 21 輪只輸 1 場,直接升入英冠。這樣的大逆轉是 30 年來第一次!

這也是伯恩茅斯 1990 年以來首次升回第二級聯賽。其實,重新接手球隊時埃迪‧霍維並不容易:他的媽媽去世不久,而妻子正在家中懷孕待產。他日後回憶說:「我第一次在這當教練時,很有雄心。但到外面執教然後回來,再加上我生活中發生那麼多事情,說實話我什麼夢都沒有。別忘了我們當時什麼方向都沒有,我們幾年前還剛差點跪了,要破產了。是一群球迷從口袋裡掏錢讓我們活下去,我記得當青年隊教練時,球迷們會在募捐桶裡扔兩個零錢。」

現在的伯恩茅斯當然不用再這樣儉省了,因為他們也有了個俄羅斯富翁老闆(傑明,石化業富翁,為購買伯恩茅斯股份花費了 85 萬英鎊)。在英冠鞏固了一個賽季後,本賽季帶隊升超,埃迪‧霍維更多感慨:「所有感覺很難用言語來形容,我是一個永遠的悲觀主義者,但現在,也許需要非常強力的藥才能讓我不開心了!但最應開心的是球迷,那些對我們不離不棄的球迷才應享受這高光時刻。」

波佐家族四大聯賽第三隊

如果說伯恩茅斯的升超是童話,那麼瓦特福上週末的率先升超,讓英國球迷的心情更複雜一些。首先,俱樂部已經不屬於英國人,而是屬於義大利的波佐家族。戰勝布萊頓、確保升級一役大名單中,有 3 個義大利人,巴西、厄瓜多、奈及利亞、墨西哥、匈牙利、捷克人各 1,還有 1 個為阿爾及利亞效力的法國人,1 個瑞士籍的波士尼亞後裔,球隊總共也只有 6 名本土球員。

其次，這家外來色彩濃厚的俱樂部，在很多堅持公平競賽的英國人看來至少是「汙點」的東西。波佐家族從進入英格蘭足壇起，就不被喜歡：2012年夏天，他們入主伊始就解僱了創下瓦特福4年來最高聯賽排名的主教練戴奇（現伯恩利主帥），任命了義大利同胞佐拉；他們還利用英格蘭聯賽租借系統的漏洞，從關聯俱樂部烏迪內斯和格拉納達共租借了14名海外球員；當時英格蘭聯賽對本土租借有限制，但海外租借則被視同為轉會，因此沒有人數限制。

在強援幫助下，瓦特福以第三名的成績打入升超附加賽，決賽被水晶宮一球氣走。其餘英冠俱樂部對此非常生氣，終於在2013年夏天堵上規則漏洞：海外租借視同國內租借，每隊只能有5名租借球員同時在比賽陣容中，從同一支球隊租借不得超過4人，一支球隊一季租借不得超過8人。

漏洞被堵住後，波佐家族的第二季沒有那麼美妙，只取得第13名。2014～2015賽季，直到11月之前他們看上去依然不像是一支會升超的球隊：在36天內，他們先後更換了4名主帥；因為球衣尚黃而綽號「大黃蜂」的他們，堪稱是在「野蜂亂舞」中奇蹟般地完成了升超。在烏迪內斯上週末3比1完勝AC米蘭後，波佐慶祝了瓦特福升級，「這將是我們書寫成功故事的牆壁上的又一塊磚。」

賽季初，瓦特福的主帥是義大利人聖尼諾。儘管開局4勝1負，但由於在更衣室不得人心，聖尼諾在8月31日下課。2天後，前布萊頓主帥奧斯卡·加西亞接任，但9月29日他又因健康原因（心口疼入院治療）辭職。3天前剛被任命為一隊教練的麥金利救火，一週後的10月7日，21世紀初在切爾西踢過球的塞爾維亞人祖簡奴域又接過教鞭。

頭8場，祖簡奴域只取得2勝。2015年1月，球隊聘請了羅傑斯執政瓦特福時的助手迪恩·奧斯汀，英語欠佳的祖簡奴域終於和球隊有了很好的溝通，成績就此扶搖直上。

瓦特福的升超被英國媒體貶低的另一個原因，是他們在強強對話中成績其實很糟糕：前八小聯賽中，瓦特福只取得13分，而米堡取得了26分，諾

里奇城 24 分，伯恩茅斯 21 分。但硬幣的另一面，是瓦特福對弱旅的成績好得驚人：對其餘 16 支球隊大黃蜂場均得 2.4 分，場均進 2.5 球，場均丟 0.6 球。

瓦特福的打法比較大陸化，陣中現在有重新煥發生機的前熱刺門將戈麥斯、第一個連續 3 個賽季為瓦特福踢進 20 球的迪尼等人。上週末他們客場戰勝布萊頓，在回家的巴士上聽聞米堡輸給富勒姆、諾里奇城被羅瑟漢姆逼平的消息，最終確定了升超。當時車上的慶祝是如此瘋狂，媒體開玩笑說：「都不知道司機是怎麼控制住車輛的。當然了，如果你升入了英超，你有資格這麼瘋狂。」這是瓦特福第 4 次打進頂級聯賽，此前 3 次是 1982 年、1999 年和 2006 年。不過，英超時代的 2 次升級都只待了 1 個賽季。

百年老隊 6 年連升 4 級首進義甲

隨著 2014～2015 賽季義大利乙級聯賽戰罷第 38 輪，領頭羊卡皮 1909 領先暫列第 3 的波隆那 12 分，提前 4 輪鎖定晉級名額。這支來自艾米利亞羅馬涅大區的百年老球會下賽季將首次亮相頂級聯賽。該隊 2010 年從義丁升入丙二聯賽，6 年內連升 4 級，成為又一個神話締造者。

本輪比賽，卡皮 1909 坐鎮主場與卡薩諾的母隊巴里握手言和，前 38 輪取得 21 勝、12 平、5 負的驕人戰績，以 75 分繼續穩坐義乙積分榜頭名，領先暫列第 3 的波隆那 12 分。由於義大利乙級聯賽的前兩名將直接獲得升級資格，且卡皮 1909 與波隆那的相互交鋒戰績占優（主場 3：0，客場 0：0），因此，該隊提前 4 輪鎖定升級資格。

▎五大聯賽有哪些俱樂部可以複製馬競的成功？

文／楊健

作為本季馬競歐冠資格的最直接競爭者，不再人窮志短的瓦倫西亞，在經營哀鴻一片的西甲依稀有「土豪」氣魄：入主之初便砸下真金白銀 9500 萬歐元的林榮福，雖然引進安德烈‧戈麥斯、羅德里戈、奧塔門迪、穆斯塔菲、內格雷多都有挨宰之嫌，但消費能力背後的復興野心昭然若揭。這與當年以 4000 萬歐元吃進法爾考的馬競，頗有異曲同工之妙──要挑戰西超雙雄，陣容和鬥志之外，手筆和氣場同樣不可或缺。在資本市場搏出一片天的林榮福顯然深諳此道，而隨著蝙蝠軍團戰績提升，胃口也愈發驚人，范加爾已不止一次被瓦倫西亞主席薩爾沃的電話騷擾：「2500 萬鎊，馬塔賣不賣？」

作為超前消費和新建球場的最大受害者，2009 年至今先後將大衛‧席爾瓦、貝利亞、馬塔等人套現的瓦倫西亞，一度淪落到只能揀二三流球隊便宜貨充實陣容的地步。而如今鳥槍換炮、風格愈發多元化的「蝙蝠」，似乎又回到了世紀之交的盛況。全球億萬富翁排行榜排名第 655 位的林榮福投資瓦倫西亞並非偶一玩票，而是實實在在的資本升值，與超級經紀人門德斯的深度合作，注定今夏的梅斯塔利亞球場，或許又將迎來不少令球迷激動的面孔。

天降重金固然是喜事一樁，但如何把錢用到刀刃上卻是一種學問。馬競大管家卡米內羅上任後引進的米蘭達、阿爾達‧圖蘭、格里茲曼等人都堪稱妙筆，但比起球員時代同為名將、退役後轉戰球市的阿洛夫斯，西班牙人的履歷和成績單還是要遜上一籌。作為當年那支風光無限的不來梅的締造者，阿洛夫斯加盟狼堡至今，不但成功將馬加特遺留的冠軍陣容完成新老交替，更為鐵帥找到了最稱職的接任者黑金。如果 2012 年汽車城的選擇是舒斯特爾，也許如今的德甲豪強版圖中未必會有狼堡的身影。

儘管被多特蒙德主席瓦茨克屢次批評「人傻錢多」，但背靠大眾集團的狼堡相比批評者，倒是真真切切把錢花在了刀刃上：古斯塔沃帶來的是專屬

於冠軍的贏家氣度；天價加盟的德布勞內的核心價值更勝同胞阿扎爾之於切爾西；舒勒回歸德甲更如同宣言——並不只有拜仁才有實力從海外買回國腳！

如果將上任後買進的主力們全部套現，升級之後常年在球市做虧的狼堡定然能海撈一票。當然，兵多將廣從來都是成為「新馬競」的必備條件，黑金的4231戰術盤中已經人滿為患。

迪亞哥‧西蒙尼上任之初，幾乎所有人都認為塞雷索和小希爾的選擇出於舊情，而非技術層面。但經歷義甲和阿甲洗禮的匪幫少帥，不但成功將狼群戰術注入馬競DNA，更以混不吝的刺頭精神令豪門倍感頭痛。三軍易得，一帥難求，尋找最適合自己的「西蒙尼」，自然是志在成為馬競的效仿者們重要的一環。而新世紀第一個問鼎義甲的羅馬，似乎已經在魯迪‧加西亞身上找到了滿意答案。

西蒙尼

卡佩羅卸任後的羅馬帥位堪稱義甲最高危職業。21世紀前十年僅斯帕萊蒂一人可算不辱使命，2004～2005年間先後四任主帥迎來送往，加西亞之前，拉涅利、蒙特拉、恩里克、澤曼輪流休克療法，「紅狼」幾近奄奄一息。履歷上只有2010～2011賽季法甲冠軍的加西亞雖然人生地不熟，但以柔克剛的法國人迅速憑藉人格魅力征服了奧林匹克球場。妙語連珠的他不但令托蒂、德羅西等大人物心悅誠服，樂於接受輪換或位置下調，切換於「無鋒」和433間的多變打法也令利亞伊奇、伊度比、皮亞尼奇將換血潛移默化地完成。

跟著球評看世足：骨灰粉都不一定知道的足球史
歐洲賽事與世界盃

當眼高手低的米蘭雙雄和過山車般的拿坡里先後偃旗息鼓，在積分榜上直追尤文的依舊是羅馬人。「紅狼」從不缺血性和才情，缺的是戮力同心的氛圍，溫潤君子加西亞帶給首都球隊的恰是久違的安全感。

全歐頂級聯賽自產率最高的球隊是哪家？不是坐擁拉瑪西亞的巴薩，也不是青訓夢工廠阿賈克斯，而是小鬼當家的里昂。馬競一線隊中不過加比、科克、馬里奧‧蘇亞雷斯和薩烏爾四位青訓，在西甲已算青訓翹楚。一線隊超過 65% 均為子弟兵、可輕鬆排出青訓首發 11 人的里昂，超越床單軍團（指馬競）可謂輕鬆愉快。

自 1987 年奧拉斯當選俱樂部主席後，重視後備力量培養便已成為里昂建隊基調。隊長戈納隆和中場核心格萊尼爾打上主力彷彿就在昨天，烏迪迪、費里已經成功接棒，但最耀眼的莫過於前場雙子星拉卡傑特與費基爾。包辦了里昂本季法甲 60% 進球的兩人，不就是 2015 年的本澤馬與本阿爾法嗎？

2014～015 賽季犬牙交錯的法甲，里昂子弟兵們從青訓營延綿十餘年的默契，可謂球隊爭冠路上的最大保障。儘管財力上已不復七連冠之時，卻也因為新人輩出而得以保持球隊競爭力。與托雷斯時隔 9 年回歸卡爾德隆神似，熱爾蘭球場對於昔日名將也從來都持歡迎態度。35 歲的老臣馬布蘭克在不甚成功的英倫淘金之後，如今在發跡之地度過了 3 個愜意的賽季，雖然並非絕對主力，但對後生們的傳幫帶無須多言。拿到一個法甲冠軍再退役？想必里昂上下，心思都和歸家的「老馬」高度一致。

世紀之交的義甲屬於羅馬城，先行問鼎的「藍鷹」成功祕訣無他：買人。維耶里和克雷斯波都曾短暫創下轉會費世界紀錄，而即便在 2001 年克拉尼奧蒂已出現嚴重財政危機的當口，球隊依舊以大手筆拿下了門迭塔和哥迪奧‧盧比斯。寅吃卯糧的透支經營，令資金鏈一度斷裂、需要銀行擔保才完成義甲註冊的拉齊奧，不得不將名將次第套現，不可避免地在與傳統三強的對話中敗下陣來。

20 世紀至今，拉齊奧僅兩次躋身過歐冠，200～2006 賽季更一度為保級而戰，本賽季前也常年在中游打轉，依稀已成路人背景。雖然洛蒂托能憑往日輝煌招徠過氣老將撐門面，也不乏低進高出的妙筆。況且球隊本賽季戰

績強勢，但球隊的上限恐怕亦止於此。眼下正火的菲臘比・安達臣與迪維積等人，誰又敢保證他們對藍鷹從一而終？

從碾壓拜仁到為保級而戰，2004 年還舉起德甲銀盤的不來梅近 10 年下行軌跡之苦澀，實令見者唏噓。回顧鸚鵡軍團的墮落軌跡，球市上的弱勢可謂罪魁禍首：早在球隊尚未稱霸的 2001 年，就把潛力無限的皮薩羅以區區 850 萬歐元「進貢」拜仁；6 年後，相似故事又發生在克洛澤身上，轉會費也不過區區 1500 萬歐元。而「球形閃電」艾爾頓、當年的德甲最佳中場博羅夫斯基等人，更是在合約到期後免費走人。儘管阿洛夫斯最初總能低價淘到真金，但自身在球市上的弱勢導致主力流失，足以令後發者警鐘長鳴。

2014～2015 賽季不來梅依舊渾渾噩噩，直到斯克里普尼克半道上任才找回一絲昔日風采。而更可悲的是，德甲第一集團中幾乎處處可見綠白出品：拜仁有兩度從威悉河畔來投的皮薩羅；納爾多儼然狼堡防線定海神針；勒沃庫森最火的一對邊翼貝拉拉比和布蘭特，均是如假包換的不來梅青訓出品，門興國腳級射手克魯澤亦曾是球隊遺珠……。

與其說是不來梅在歲月中無奈蹉跎，倒不如說他是削弱了自身，反哺了對手。

在西甲冠軍非富即貴的主旋律下，20 世紀最後一年力壓巴薩皇馬登頂的「超級拉科」，可謂足球世界的一首田園詩。但貧瘠的加利西亞邊陲顯然不是足球生根發芽的沃土，當年與拉科人角逐的皇馬、巴薩、瓦倫西亞三強，所在城市規模在西班牙位列前三。而人均 GDP 在西班牙 19 個省分中僅排第 14 的加利西亞，卻要同時容納兩支西甲球隊，拉科生存環境之淒絕可想而知。

伊魯埃塔雖然精打細算，卻不能阻止球隊主將奔向巴黎（保萊塔）、慕尼黑（馬凱）、紐卡索聯（盧克）、馬德里（費利佩）。雖然主席倫多伊羅長袖善舞，談判策略高明，但支撐拉科在歐冠 5 年輝煌的背後同樣是高達 1.22 億歐元的巨額投入。同期，倫多伊羅只從轉會市場回收了 9250 萬歐元，拉科的債務也在長達 8 年的軍備競賽中飆升到 1.8 億歐元。

超級拉科的黃金 10 年終在 2011 年夏天球隊以西甲倒數第三降入西乙劃上休止符。悲情的是，4 年之後，他們又站在相同的名次上。兩年前的夏天，最後一位見證了超級拉科時代的宿將貝萊隆宣布退役，留給老球迷和繼任者的，依舊是看不見未來的無奈。

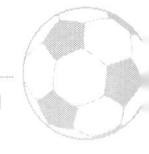

世界盃，全球的「春晚」

文／駱明

就在世界盃決賽當天，英超冠軍曼城開始了新賽季的熱身賽；本週，蘇亞雷斯將在巴薩亮相，皇馬的重磅轉會也會如期而至。對於足球迷來說，世界盃熱潮將很快讓位於對新賽季的期待。如今職業俱樂部足球高度發達、賽程重度密集，這是否降低了世界盃的魅力？

不妨看看當今世界上最好的兩個球員：梅西上半年西甲表現有所懈怠，被認為是「留力打世界盃」，而 C 羅打完歐冠決賽後，拖著傷腿也要為世界盃而戰，即使這可能損害他的職業生涯。在梅西和 C 羅之前，上一個拿到金球獎的球員是卡卡（2007 年）。雖然身上有傷，他仍堅持出戰 2010 年世界盃。狀態不佳的他，成為巴西隊八強出局的代罪羔羊之一，職業生涯也大受影響，之後數年傷病遲遲未能康復，只得在皇馬接受替補角色，無奈在去年轉會米蘭，到本屆世界盃，他只能作為看客出現在球場上。

時代不斷變遷，但世界盃仍然是足球的終極榮譽。梅西說過，他願意拿他的 4 個金球獎來換一個世界盃。況且世界盃不僅僅是榮譽，每一個巨星，在世界盃上都寄託了贊助商的殷切期望，如果在全球觀眾面前表現出色，市場價值自會迅猛上升。哪怕是名氣稍遜者，如在世界盃上表現出色，也會在轉會市場上熱銷，如哥倫比亞新星 J 羅和哥斯大黎加門神納瓦斯。

全球化大大助推了職業俱樂部足球。在通訊社的圖庫中，我們經常可以看到這樣的圖片：在非洲的貧窮地區，或東南亞的災區現場，都有無數身穿歐洲俱樂部隊服的小孩。不過，世界盃同樣從全球化中受益匪淺。2010 年世界盃已被稱為「社交媒體的世界盃」，本屆亦不例外，它很自然地成為社交媒體的頭條，所有人都被裹挾進去，或專業探討，或八卦截圖，或下注怡情。本屆世界盃，足球在美國第一次成為「全民運動」，與社交媒體的功勞密不可分，推特一再創造發文紀錄——別人都在說這事，你不說就 OUT（落伍）了，於是奧巴馬和勒布朗・詹姆斯都會來湊熱鬧。

跟著球評看世足：骨灰粉都不一定知道的足球史
歐洲賽事與世界盃

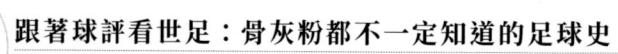

　　世界盃其實已經成為全球的「春晚」。春節聯歡晚會的節目水準不見得有多高，每次都激起「吐槽」聲一片（正如世界盃比賽不見得比歐冠更精彩）。但至少你看春晚時知道，全國有數億人民在與你同看，這是一種奇妙的「共鳴感」，尤其有了微博和朋友圈之後，你想置身事外更不大容易。超級盃對美國的意義也是如此。而放眼全球，能讓數以十億的人同看此景的，只剩下世界盃和奧運會開幕式了，任何俱樂部賽事都不可能比肩。

　　俱樂部賽事對世界盃肯定有影響，與往屆世界盃一樣，很多國家隊在大賽前出現了重要傷員。但影響是相互的，只要踢球就有人受傷。內馬爾在世界盃上受傷，何嘗沒有影響到巴薩？從好處看，俱樂部賽事促進了國家隊水準的提升，拉近了世界盃的強弱差距。本屆世界盃的最大黑馬哥斯大黎加和阿爾及利亞，隊中都有一大幫在歐洲職業聯賽打拚的球員。

　　20 世紀，國家隊主帥常由足協內部體系人員擔任。俱樂部賽事和世界盃的商業成功，讓各國足協變得更富，能以高薪延攬在俱樂部建功立業的高水準教練，提升了國家隊的戰術水準。本屆世界盃，拿過歐冠的主帥就有博斯克、范加爾、希斯菲爾德、卡佩羅 4 人，斯科拉里和薩韋利亞也曾捧起過南美解放者盃。2010 年 11 月，佛格森曾譏笑世界盃與歐冠不是同一檔次，「看世界盃不如去看牙醫。」但看看德國對控球流的全新演繹，看看范加爾的大師級指揮，佛格森的話實不可盡信。

▎客場進球制豈可取消！

文／駱明

2014 年 9 月 4 日，趁著國際足聯比賽日，歐洲俱樂部豪門的大帥們嘯聚歐足聯尼翁總部，來了場一年一度的頭腦風暴。會後佛格森出人意料地透露，教練們在討論，「客場進球制」是不是應該取消。

筆者看到這個消息時大吃一驚。兩回合比分相同時，客場進球多的球隊晉級（也稱客場進球雙計，實質一樣）──這堪稱足球史最偉大的發明之一，為何要取消？看完佛格森通篇論述，他只說出了「客場進球制」的一個壞處：讓主隊更小心，「當我主場作戰時，總會告訴自己，別丟球呵。」這符合一般主帥的邏輯，但絕不足以成為取消客場進球制的理由。誰能舉出歐戰球隊主場比客場更保守的例子？原因很簡單，哪怕主場丟球會很被動，但在主場球迷助威下，主隊多少得有點交待，至少比客場時會積極一些，而以客場進球鼓勵客隊，正好達成平衡。

教練們反感客場進球，恐怕是因為都有過刻骨銘心的痛楚。記憶中最悲情的一幕是 2002 ～ 2003 賽季，米蘭雙雄在歐冠半決賽上演德比。首回合雙方踢成 0：0，次回合輪到國際米蘭「主場」，上半場補時階段舍甫琴科進球後，國際米蘭頓失主動權，第 84 分鐘馬丁斯扳平後，仍慘遭淘汰。這場比賽後，「客場進球」成為爭論的焦點之一。兩場比賽不是明明在同一球場進行的嗎？國際米蘭還因「客場進球」少被淘汰，這多冤！其實這種說法並不嚴謹，雖然球場相同，但「主隊」一方會有更多球迷入場助威，主場優勢豈可漠視？

佛格森論述得最多的理由是，當年引入「客場進球制」是鼓勵客隊進攻，「如果我們回到過往，例如 30 年前，反擊只有一兩名球員參與。如今，反擊中可有五六名球員如潮湧上，傳球迅速，打法積極。」但名帥們似乎忘了，「客場進球制」絕不僅僅是鼓勵客隊進攻的！它的真正作用是：在兩回合總比分持平時，打破場上均勢，逼得一方非玩命進攻不可。

歐戰中，首回合的悶局屢見不鮮，但只要次回合出現了客場進球，雙方必是圖窮匕見。經典戰例是 1999 ～ 2000 賽季歐冠八強戰，皇馬主場 0：0

跟著球評看世足：骨灰粉都不一定知道的足球史
歐洲賽事與世界盃

悶平曼聯，到了客場，第 21 分鐘羅伊‧基恩不慎烏龍後，場面頓時變得開放，勞爾再入兩球，曼聯追回兩球亦無用。2013～2014 賽季歐冠也有相同戰局，半決賽馬競對切爾西，雙方主帥穆里尼奧和西蒙尼均善防守，首回合是場事先張揚的 0：0，次回合開場仍然膠著，切爾西先進球後更求固守，但在馬競扳平後，切爾西「巴士」不得不傾巢出動，馬競再入兩球 3：1 過關。

如果沒有客場進球會怎麼樣？看看 2014 年世界盃就知道了。連荷蘭和阿根廷這樣有進攻美名的強隊，到了淘汰賽的關鍵時刻都開始磨洋工，只要場上比分是平局，就不輕易越雷池一步。世界盃好歹四年一次，不看也得看。如果歐冠淘汰賽也充斥著如此比賽，其美譽度必然下降。

假設取消「客場進球制」，可以想見，歐冠必然多出不少 PK 戰。奇怪的是，每次大賽以 PK 戰決出勝負，教練們常常痛訴 PK 戰「太殘酷」，如今討論客場進球制時卻忘了這一點。正是因為客場進球，PK 戰在歐冠兩回合淘汰賽中成了小概率事件，過去兩個賽季都沒有出現過。

客場進球讓平局也能分勝負，好處還有不少，如比賽時間不會拉長，讓電視轉播商的既定安排少受影響。同時，歐洲豪門幾乎每週都是雙賽，歐戰球隊在周中避免了延長賽，也不致影響週末聯賽太多。

「客場進球制」在 1965～1966 賽季歐洲優勝者盃中首次得到應用，至今已有 50 年。由於它的諸多好處，漸漸在全世界足壇推行。恆大剛剛在亞冠中吃到了它的「苦頭」，客場 0：1 負於西雪梨流浪者後，主場 2：1 贏球仍被淘汰。連一向賽制自成一派的南美足壇，也吸取了歐洲足球的精華，自 2005 年起，解放者盃引入「客場進球制」。

在此制度得到全世界肯定的當下，這幫歐洲足壇的名帥居然意圖改弦更張，一曰「屁股決定腦袋」，他們打歐戰多了，自然被客場進球傷害最多，心神不寧之下，欲除之而後快；二曰「記打不記吃」，他們全忘了自己透過「客場進球制」得到的好處。

卡達，上佳東道主

文／駱明

2014年9月號的《全體育》上，筆者曾撰文「辦世界盃，中國須等多久」。文章開頭便提到，2022年世界盃難以離開卡達。果然，隨後頒布的世界盃申辦調查報告並沒有傷及卡達，2014年11月，國際足聯主席布拉特已確認2022年世界盃在卡達舉辦。

唯一待定的是卡達世界盃的具體日期，2015年3月國際足聯將最後敲定。改到2022年1月比較困難，與冬奧會撞車會引發國際足聯和國際奧委會的大戰；2022年11月和12月比較現實，「打斷」歐洲聯賽並沒那麼可怕，筆者曾分析過，歐洲聯賽收官順延至世界盃時段即可，那正是歐洲的好時節。

卡達申辦世界盃成功之時質疑聲浪極大，第一原因便是高溫。改到冬天，這個擔心不復存在，當然難免有懷疑：這麼小的國家辦世界盃這麼大規模的賽事，是否可靠？前不久，借世界手球錦標賽之機，筆者去了一趟卡達，此行顛覆了筆者的認知。結論：卡達是世界盃東道主的上佳之選！

辦好世界盃的前提是錢，這正是卡達人的強項。世界手球錦標賽規模不如足球世界盃，但卡達投入亦不小，三個場館都修得美輪美奐。以卡達遍布腳手架的氣勢，國際足聯完全不用像南非和巴西世界盃那樣為東道主的工程進度擔心。和北京奧運會一樣，不差錢的東道主意欲向全世界展示美好形象，受益的自然是賓客。北京奧運會，外國記者受到了極高禮遇，多年後仍讚不絕口。從本屆手球錦標賽來看，2022年世界盃的到訪者一定會滿意而歸。

從面積上看，僅有1.1萬平方公里的卡達自然是小國。但小有小的好處，過去三屆大賽，交通都成了大問題。南非的公共交通不夠發達，不少球迷持票卻無法到達賽場。波蘭和烏克蘭聯合舉辦歐洲盃則是記者和球迷的噩夢，機票和住宿都是天價。巴西的幅員遼闊和交通狀況更不必說，最經典的例子是，有球迷臨時買了義大利對英格蘭的球票，一查機票，發現飛到瑪瑙斯需要近萬人民幣，遠遠超出門票價格，無奈退票。

跟著球評看世足：骨灰粉都不一定知道的足球史
歐洲賽事與世界盃

卡達面積小，這會為記者和球迷節省巨額的交通費用和大量的時間成本。目前卡達公交系統不算發達，但地鐵網路已經動工，且以東道主的豪氣，臨時增派穿梭巴士又有何難？另一便利是，卡達聘用了大批外國勞工，他們有絕佳的服務意識和英語水準，遊客不用擔心溝通問題。

當然，世界盃不光是足球賽事，數十萬球迷熙來攘往，也是文化交流的最佳時機。這方面卡達稍有欠缺，他們不是一個旅遊大國，世界文化遺產只有 2013 年才入選的祖巴拉堡，自然風光則只有沙漠和海，最眩目的則是多哈林立的高樓了。他們的足球文化也比不了德國和巴西，沒有馬拉卡納那樣的足球朝聖之地。但畢竟到現場的球迷只是極少數。世界盃辦得是否成功，歸根結底是參賽隊能否踢出質量上佳的足球，讓電視機前的數十億球迷看得舒心。

卡達面積小，不僅讓球迷和記者少了奔波之苦，球隊也受益無窮。巴西國土太大，氣候、環境千差萬別，基地選擇對球隊有關鍵影響。例如西班牙小組被淘汰，庫里奇巴基地氣候涼爽、海拔過高被認為是原因之一（前兩戰賽地薩爾瓦多和里約都是潮熱低地）；德國選址科學，則成就了他們的第四星。卡達國土不大，氣候統一，且硬體豪華，這能讓球隊省心不少。

卡達夏天辦世界盃有不少負面因素，冬天辦世界盃則是球員的福音。筆者 1 月造訪卡達，這是當地的最好季節，溫度在 10 度至 20 餘度之間，白天可以不穿外套，晚上也不用穿毛衣。卡達比歐洲中部時間早 2 小時，參照德國世界盃在 16 點、18 點、21 點開踢，照顧到歐洲人的收視習慣，那麼卡達世界盃的比賽時段將是傍晚到深夜。如此涼爽，實在是踢球的好天氣。對球迷亦是福音，不僅看球時舒服，露營也方便，畢竟卡達是個高消費國家，部分經濟條件不寬裕的球迷住不起賓館。

前兩屆世界盃都在南半球的冬天進行。南非天氣寒冷，高海拔又影響了足球的運行軌跡，比賽質量不敢恭維；巴西是足球王國，東道主氣氛得到了各方好評，但只要早場比賽在離赤道稍近的賽場進行，炎熱天氣便會影響隊員們的發揮，國際足球甚至引入了「飲水暫停」。到了淘汰賽，各隊體力消

耗過大，只能守為上，導致悶戰連連。梅西到了決賽已經油盡燈枯，開場幾番衝刺後，就邁不動步伐了。

另一個優點是，卡達世界盃安排在賽季中段，參賽球員正處體力的最頂峰。歐洲職業聯賽的賽程已密不透風，近幾屆世界盃前均有大批明星因傷告退，帶傷參戰的球星亦發揮失準。卡達世界盃則無此憂，如果英格蘭隊仍然戰績不佳，他們可不能再說「誰叫我們沒冬休」了。

雖然對卡達的疑問很多，但 2022 世界盃完全可能成為最精彩的世界盃之一。七年後，我們共同驗證。

布拉特真有那麼壞嗎？

文／駱明

　　布拉特 2015 年 5 月 29 日連任國際足聯主席本無懸念，但在大選前兩天，美國與瑞士聯合出手，在蘇黎世逮捕數名高官，一時激起全球媒體興趣。更奇幻的是，布拉特當選五天後，突然在 6 月 2 日宣布辭職，這使他上了各種媒體的「頭條」。連七旬老母都在問筆者：布拉特為什麼要辭職？

　　布拉特也許是足球界最具爭議的角色。一方面，英美媒體持之以恆地揭露國際足聯黑幕，欲除布拉特而後快。另一方面，布拉特又牢牢掌控著國際足聯，哪怕在大選前「窩案」曝光，他仍然在第一輪得到了 133 票的支持，競爭者阿里王子只得舉白旗。

　　英美媒體的輿論監督當然有功，但對他們的造勢，卻也不可全信。以他們的說法，國際足聯堪稱世界上最黑暗的組織之一；布拉特不除，足球運動將暗無天日。恰好最近看到了西方媒體唱衰中國的一些報導，他們當然不至於瞎編亂造，論據還算可靠，但如果相信他們推導出的結論，那麼我們已經崩潰過無數次了。事實上，中國確實有各種各樣的問題，但不可否認，她在變得更好。

　　布拉特肯定不是道德模範，也非賢明之主。布拉特於 1998 年當上國際足聯主席，筆者當時入行不久，對他的印象就不算太好。他透過賄選擊敗約翰松，幾乎是足球圈裡公開的祕密。後來，他的大嘴臭名昭著，一個聞名遐邇的說法是：布拉特每天有 100 個新主意，其中有 101 個壞主意。而筆者個人最不滿的一點是，國際足聯揮舞金錢大棒，「收購」了金球獎，但又不借鑑金球獎權威、公正的一面，導致「國際足聯金球獎」挨罵無數。本人忝居「國際足聯金球獎評審」之列，真的是心痛啊！

　　但是，為什麼一次又一次，布拉特的政敵沒有擊敗他，反而他的根基越來越深厚？

　　「沒有無緣無故的愛」。布拉特能得到那麼多國家，尤其是亞非拉國家的支持，是布拉特讓他們得到了好處。布拉特執政，最大的政績就是 1999

年啟動的「GOAL 計劃」，將國際足聯的發展基金相對平均地分配。彈丸小國能得到與大國相當的資金，這貌似不公平，但考慮到大國更有實力發展足球，故而這個計劃對第三世界國家發展足球相當重要。

緬甸就是一個好例子。僅僅過去 5 年，國際足聯就透過「GOAL 計劃」向緬甸投入 110 萬美元，提供基礎設施以及針對不同年齡組的訓練計劃。緬甸也迅速擺脫「亞洲魚腩」的地位。2013 年 8 月，中國國青 1：2 負於緬甸國青，曾讓國內媒體驚詫，但後來緬甸又晉級了 U20 世界盃，雖然在剛剛結束的決賽圈中三戰全敗，但能進兩球已是不易。

本屆 U20 世界盃還有一個全新面孔：斐濟。斐濟足協總裁庫馬爾直言，「沒有國際足聯的財務幫助，斐濟打入 U20 世界盃只能是空想。我們支持國際足聯，支持布拉特。我們對現狀非常滿意，斐濟發展足球的資金，約 80% 要靠國際足聯。」

「GOAL 計劃」肯定不完美，英美媒體一直盯著「GOAL 計劃」，認為內藏貪汙腐敗。但其效果勿庸置疑，這些年，與歐洲俱樂部足球「馬太效應」越發不同，各大洲國家隊的強弱差距都在縮小，冷門越來越多，很多不知名球隊開始建功立業，國際足聯和布拉特的功勞不應被抹殺。

前不久，路透社記者特地查了「GOAL 計劃」的帳目，發現他們對印度和中國只分別給了 200 萬美元和 180 萬美元，以此作為「GOAL 計劃」分配不合理的例證。但作為身在中國的足球從業者，筆者覺得國際足聯對中國足球的幫助已經足夠大。他們提供的 40 萬美元幫助中國足協搬入夕照寺，這個微不足道；在中國開辦一系列培訓班，這只是國際足聯的義務；最關鍵的是，他們幫助中國足協修改了一系列不合理的制度，使中國足球多少跟上了這個時代。

國際足聯主席大選時，有憤青網友質問：國際足聯這麼腐敗，為什麼中國足協要投布拉特一票？至少從中國的角度來看，國際足聯並沒有那麼壞，更別提布拉特與張吉龍一直是鐵桿盟友。筆者倒覺得，如果中國不投布拉特，才是真的沒道理！

布拉特連任是由各國投票選出，他有亞非拉廣大國家的支持，反布拉特的歐洲國家無計可施，甚至覺得這種選舉方式不公平，應該讓足球大國獲得更大的投票權。如此言論，只能讓人感嘆歐洲人是多麼傲慢，為了推翻布拉特，連他們平時口口聲聲宣揚的「民主」都可以不要了。

　　布拉特即將退位。人之將去，其言也善。從他的表態來看，他想留下一個更廉潔、更透明的國際足聯。相信在這波反腐浪潮過後，國際足聯理應會變得更乾淨。當然，考慮到足球背後有如此大利益，而各洲執政者素質不均，足球不可能變得完全清明。但只要布拉特奠定的均貧富分配體系不被推翻，足球運動一定會穩步向前。

中國足球

三大球——國家可以下一盤很大的棋

文／駱明

中國男籃新敗，很多行內人士把病根指向 CBA：為何中國的聯賽培養不出人才了？

這一場景似曾相識，多年前，每當中國足球隊或國奧隊失敗，大家都會呼籲「聯賽為本」。可現在沒人再相信中超能成為中國足球復興的動力，反而在反思，為何搞這麼多年職業化，卻不如死守專業化的北韓？

商人的逐利天性，注定了職業俱樂部不會把為國育人作為第一要務。既然買外援見效快，為什麼辛辛苦苦培養人？於是，CBA 和中超都成了外援的天堂。事實上，在足球轉會全球化之後，歐洲很多國家也面臨相同困境，英超、義甲、德甲莫不如是。只有西甲例外，在全世界收羅老少球星的同時，各俱樂部還在認真青訓，西班牙隊方可一舉成為歐洲之王。不過這絕對是特例，近幾年在非足球領域，西班牙同樣出產了納達爾、費爾南多 · 阿隆索、加索爾和孔塔多爾一代，可見西班牙人參與體育的熱情。

過去純專業體制被認為是中國足球萬惡之源，可它畢竟還在不斷出產人才。甲 A 之初如此受歡迎，正得益於末代專業化貢獻的范志毅、郝海東一代。體育試水職業化之後，三大球因「受歡迎」而完全推向市場。專業青訓體制被徹底摒棄，職業化又無法建立起育才機制，這才是三大球缺乏新興球員、齊陷困境的根源。

破局的一個辦法是：國家出手抓青訓，然後交由職業聯賽提高。此事非得由國家出面不可，只因足協或籃協沒有這個能力，當初職業化，不就是為了「甩包袱」？

說到底，還是一個「錢」字。

青訓，絕不是血本無歸的買賣。正因為足球和籃球受歡迎，青訓效應特別顯著。例如，培養出一個姚明，帶來了多少收益？他不僅推進了整個籃球市場，帶活了當年的 CBA，讓中國籃球勢壓足球，更帶動了相關產業的發

展，例如運動鞋、傳媒等，為 GDP 增長做出了貢獻。姚明或許難覓，但如果 CBA 有 10 個易建聯級人物，中超有 10 個彭偉國級天才，這項運動的含金量自可為之一變。

　　光談錢太傷感情，不妨看看社會效應。如今一提中美交往必談姚明，不誇張地說，他改變了很多美國人對中國的印象，這恐怕是多少金錢也換不來的。更現實的影響展現於眾多的三大球球迷，實在無法想像，如果三大球人才難以為繼，天天帶來壞消息，這會影響多少中國人的心情，進而微妙影響他們的工作與生活？即使不考慮「產出」，讓全中國青少年更多接觸三大球，也可增進其體質、加強其團隊精神，總比天天泡網咖玩線上遊戲好多了。

　　國家辦青訓，就好比城市蓋地鐵。蓋地鐵基本上是賠本買賣，為何世界大城市都樂此不疲？只因蓋地鐵利於居民交通，對城市品質的提升、對城市的未來願景遠非投入可比。如果中國的足球籃球辦起來了，滾動收益自會回報於國家社會。假設中國再參加一次世界盃，想一想中國隊、電視廠家和旅行社等各行業的收入吧。

　　在三大球上，國家可以下一盤很大的棋。

中國足球＝中國社會？

文／駱明

　　2013 年中國隊和泰國隊的比賽，中國隊 1 比 5 輸給泰國隊，極大提升了中國足球的關注度。怒斥、恥笑、謾罵、反思……，各種情緒充斥社交媒體。當然，以中國網民的「深邃眼光」，不可能只討論甘馬曹合不合格、隊員有沒有盡全力。足協成為眾矢之的是必然的，還有很多人把病根直指大環境。

　　這種說法有一定道理。俱樂部追求短期效益，大多只顧買外援不重視青訓；足協領導毫不專業……。

　　但把中國足球的成績不佳，簡單地歸咎於大環境，未免太過膚淺。須知，中國固然有很多領域與中國足球一樣發展空間還很大，但也有很多領域比中國足球好得多，排名世界前列的行業和企業不勝枚舉，雖然他們在成長中難免受到社會問題的困擾。那麼，中國足球為什麼會成為負面典型？

　　寫這篇稿子的凌晨，筆者正好與著名商業觀察家陸新之聊到「四萬億投資」對中國的影響。筆者提出的觀點是：政府當無為而治，不是應該「做什麼」，而是應該「不做什麼」。陸老師的點評很精彩：「政府是最壞的裁判，跟足協一樣，怎麼做都不對，還是應該先忍耐，整頓國企、打破壟斷、改善結構、提升資金的社會效益。中小企業無法掌握核心資源，這樣的情形已不合時宜。」這段話說的是中國經濟，但完全可以適用於中國足球。

　　筆者對經濟研究不多，為了剖析中國足球的運作模式和缺陷，冒昧把中國企業（或領域）的行事方式分為四類。

　　第一類是民營為主，野蠻生長。阿里、騰訊、華為都屬於這一類。雖然中國的互聯網企業都有著濃濃的「山寨味」，但他們的確充分發揮了中國人的聰明才智，有的甚至超過了前輩們。例如騰訊，從 OICQ（QQ 前身）到 QQ 進步神速。最開始，用 MSN（微軟即時通訊軟體）才時尚、才「國際化」，但 QQ 以其豐富的功能最終後來居上，MSN 如今只能苟延殘喘。又如阿里的淘寶，以其免費店鋪在中國迅速擊敗了 eBAY，也超越美國，成為全球最大網上購物市場。

第二類是國家支持,但遵從國際標準。試以「申遺」為例,世界遺產的標準是相當嚴格的,想申請世界文化或自然遺產,都得遵照聯合國教科文組織的規則。中國也有自己的「全國重點文物保護單位」,但和「世界文化遺產」相比,保護的力度和方法有明顯差距,如同中國足球與世界的差距。雖然中國申遺並非一帆風順,但入選的世遺都稱得上高水準,其導覽和保護的方式也給中國文保做出了表率。

第三類是國家支持,且找到了合適的管理者。中國高鐵是這方面的好例子。中國高鐵在十年前還是一窮二白,只能豔羨日本的新幹線,當時兩國鐵路的差距不亞於中國足球與日本足球。但依託於中國龐大的市場,鐵道部門整合了法國、德國、日本和加拿大的高鐵技術,讓中國的高鐵里程迅速領先於世界。雖然高鐵爭議很多(例如巨額債務、施工質量、貪汙等),但它確實大大改變了中國,其作用好比一個城市的地鐵。

第四類是國家支持,但沒有找到合適的管理者,成為一個純官僚機構(公司),而這樣的機構(公司),必然是集中國社會醜惡面之大成。不幸的是,中國足球正是如此。我相信,謝亞龍、韋迪等人主政中國足球之時,都懷有報國之志。但他們真的不懂足球啊!尤其是韋迪,給我的印象是相當好學,可足球博大精深,豈是那麼容易學的?從韋迪近期接受《體壇週報》的訪談來看,他對足球終於摸出點眉目,可這時他又轉換跑道至汽機車百貨了。

期待「明君」容易被視為幼稚,可在現有體制下,最可靠的希望,確實是中國足協來一個合適的管理者。我常對同事們說,當足協主席,要麼得懂足球,要麼得懂經營。悲哀的是,我們這些年的足協管理者,卻是兩者都不懂!中國籃球比足球幸運的是,他們還遇到過一個李元偉。中國足協如果也碰中了一個「李元偉」,有望從前述「第四類」升為「第三類」。

當然,「明君」終歸是不長久的,如同中國籃協在李元偉離開後又故態復萌。其實,中國足球本來有望按「第二類」路線發展,如果國際足聯當初在吸納中國足協時,堅決要求足協按照國際足聯的要求來運作,中國足球將完全不同。國際足聯要求「政府不得干涉足協內部事務」,足協主席須由選舉產生。若真能做到這一步,哪怕選舉過程不那麼民主、透明,我想當選者

也有很大的機率「或懂足球、或懂經營」，如跟中國的世遺，雖然選哪些有爭議，但中選的都過得去。

可惜，中國足球似乎是國際足聯中的「另類」，中國足協管理者，仍然一直是「任命」產生。國際足聯會以停賽來威脅不按規程辦事的各國足協，卻始終對中國網開一面，這其實是害了中國足球。而中國政府真想把足球辦好，最好與國際接軌，從「選舉足協主席開始」。當然，上上之選是把中國足協變成民間機構，在這麼多媒體和球迷的監督下，中國足球完全有望升為「第一類」。

中國足球不行非因足球人口少

文／駱明

雖然中國隊早在兩年半前就宣告與巴西無緣，但在世界盃激戰正酣之時，不少國人還是會順便「吐槽」一下。一個流行的說法是，中國足球不行，是因為足球人口太少。對於這種說法，我想反問一句：中國籃球人口這麼多，隨處可見打籃球的人，為什麼這些年籃球與足球一樣在退步？為什麼新一代中沒有了姚明甚至易建聯，連臺灣都輸？

國家隊水準不完全由足球人口決定。波赫只有383萬人口，他們的足球人口能有多少，但他們打進了世界盃。冰島人口一共才30來萬，他們的足球人口只可能是一個極低的數字，照樣打進了歐洲區附加賽。有個國家的情況更極端——烏拉圭，他們的人口只有330萬，比波赫少，甚至少於北京的朝陽區，但他們拿到了兩個世界盃和15個美洲盃，奪得美洲盃的次數在巴西和阿根廷之上。

與絕對的足球人口數相比，「環境」對一國足球水準的決定性更大。在高水準足球環境中，即使踢球者的絕對數量較少，仍然可能高產球星。烏拉圭就是一例，從弗朗西斯科利、佛蘭到蘇亞雷斯、卡瓦尼，高水準球星從未斷檔。前南斯拉夫地區是另一個例子，這個地帶的人，玩各種球類都有天分，塞爾維亞、克羅埃西亞和斯洛維尼亞獨立後都造訪過世界盃，這屆又輪到波赫了。

老說足球也許有點煩了。不妨拿乒乓球作為例子，乒乓球是中國「國球」，水準領先世界一大截。這是不是因為中國打乒乓球的人太多？但現實是，由於娛樂多元化，與過去相比，中國打乒乓球的人越來越少，在競技中的優勢卻達到歷史高位。蓋因中國摸索出了一套打造乒乓球高手的機制，哪怕只有一省開展乒乓球運動，照樣領先世界。而日本和歐洲的乒乓球普及程度雖不錯，但在低水準競爭中很難產生超級高手。

說起發展足球運動，本原當然是要增加足球人口，讓更多人踢上足球，畢竟足球是一個可以鍛鍊身體並培養團隊意識的好運動。但「只有普及足球

中國足球

運動，足球水準才能提高」的說法並不準確。一是以中國現在寸土寸金的現實，不可能提供那麼多廉價的足球場；二是如果只求普及，而沒有高水準青訓教練參與，足球水準依然無法得到質的提升。

環境決定足球水準，這裡的「環境」分先天和後天兩種。南美和南歐國家都是較早開展足球運動的國家，且先天重視技術，球星層出不窮。而中國作為足球後進國家，只能打造後天的環境了。

很多人常抱怨中國足球人口少，但全國各地星火燎原，加進來的絕對數字也不會太少。再怎麼說，比巴林、阿曼、約旦這些彈丸之國踢球的總多一些吧？關鍵是，中國現在有志嘗試職業足球的孩子們，是否得到了良好的訓練？

「舉國體制」在中國民眾中可謂人人喊打，但球迷們都會承認，專業足球和籃球時代培養了比今天更多的傑出人才（如姚明，如郝海東和范志毅），畢竟體校還是有專業教練把關——雖然這絕不是最好的環境。而現在呢？就這個問題，筆者與同事馬德興有過交流，這位中國足球第一記說，現在有的俱樂部，就是由俱樂部領導的親友負責青訓，一竅不通，甚至有沒踢過球的所謂「體育院校畢業生」去教足球。以這種育才方法，毀掉梅西 C 羅又有何難？

2007 年筆者去米蘭參加中義足球論壇，在臺上發言說了半天「義甲在中國」後，主持人冷不防地問筆者，如果義大利想幫中國提高足球水準，你有什麼建議？筆者匆忙間給出的答案是「派 100 個青訓教練來」。這些年來，筆者越發覺得自己當初的判斷是正確的。

當然，中國足球已經開始努力了。魯能足校成立之初即延請可可維奇做總教練，這位塞爾維亞人為魯能一手打造了全國最好的青少年培訓體系，培養名將無數。恆大足校也請了一批西班牙教練來帶小孩，雖尚未見成效，但他們的理念已經影響了青訓同行和小孩。而這兩年，中國開始往西班牙和葡萄牙這兩大青訓聖地，計畫性地將有年輕有潛力的球員送去學習，留洋生的成長速度明顯快於在中國時，這再次證明了「環境」的重要性。

中國足球不要空談「增加足球人口」了，先給現在的足球小將們一個好環境吧！

從「土豪」到豪門有多遠？

文／駱明

「土豪」是時下流行語，廣州恆大以金元優勢攻下亞冠，足球迷欣喜若狂，非足球迷則豔羨恆大過億的高額賞金，恆大被冠以「土豪」再自然不過。那麼，恆大究竟是不是「土豪」？他們離真正的「豪門」有多遠？

恆大成功確實靠錢，但他們管理有方，花錢到位，也許一些做法帶點「土氣」，那只是細節問題。從《現代漢語詞典》或網路百科的精準定義來糾結恆大是不是「土豪」，那得開一場專題辯論會。不妨把視野放得更廣些，曼城、巴黎聖日耳曼、摩納哥不也被中國球迷視為「土豪」嗎？只因他們可以不計盈虧地超常消費，從這個角度，恆大確實是「土豪」。

很多人會以皇馬舉例，他們也是大把花錢，為何不是「土豪」？皇馬燒錢夠狠，但錢都來自俱樂部，即使皇馬是世界上收入最高的俱樂部，花錢和負債也有度，今夏為籌到 1 億歐元買貝爾，急忙賣掉厄齊爾和伊瓜因回收 9000 萬。而歐洲的新「土豪」和恆大一樣，後臺老闆「不差錢」，只要成功，投入和赤字全不在乎，這是量入為出的皇馬、拜仁和曼聯辦不到的。

恆大要擺脫「土豪」形象，強化造血功能必不可少。如果商業開發成熟、足校青訓成功，即使許家印的投入與中超其他俱樂部在同一水準線，恆大仍然維持超高水準，自然沒人再說「土豪」了。當然，這是長久之計，非數年可功成，更便捷的辦法是：繼續贏，爭取更多球迷。

並非所有畸形消費的俱樂部都是「土豪」。莫拉蒂剛入主國際米蘭那些年，以世界紀錄轉會費買入羅納度、維耶里，給了雷科巴世界第一高薪，但人們只會說他奢侈，不會說他「土」，因為國際米蘭早已是豪門，透過「大國際時代」，在球迷和媒體中奠定了雄厚根基。「土豪」和「豪門」的另一大區別便是話語權。豪門球迷眾多，無論在網路還是現實的論戰中，更多的人會站在他們一邊。

當恆大 2010 年底衝超成功，開始四處挖牆腳時，中國足壇既驚且懼，惡評亦不少，指摘恆大「搞壞市場」。當時筆者在《體壇週報》上寫了一篇

「敵視是有時效的」，該文結尾是：「對於低谷中的中國足球，恆大瘋狂燒錢，正類似切爾西和曼城對英超的輸血。若恆大的事業不半途而廢，5 年或 10 年之後，我們必會對恆大給出正面評價。」僅僅 3 年後，恆大即登上亞洲之巔，中國足球界對恆大的看法已完全改觀，無數中國球迷為恆大奪冠而歡慶。不知不覺，恆大的話語權在擴張。

奪得亞冠後，恆大有可能縮減投入，但孔卡和里皮的超高薪本來就是恆大在崛起期的非正常消費，有「千金馬骨」之效。如今霸業已成，買穆里奇式的經濟適用外援，再輔以全華國腳，恆大在中超奪冠並非難事，在亞冠也足以繼續成為中國足球的旗幟。恆大的球迷群體必將繼續擴大。去天河體育場看場恆大的球，也許會成為外地人去廣州的一大遊樂項目。

恆大的幸運之處在於，從沒有中國球隊奪得過亞冠冠軍。遼寧奪得亞俱盃也過了 23 年，這極利於恆大在全國範圍爭取球迷。切爾西的「土豪進化之路」比恆大艱苦很多，歐冠之夢屢次受挫於半決賽和決賽，直到阿布入主 9 年後，才在 2012 年圓夢，這時切爾西終於有了豪門氣象，在中國都有了「球迷會」。曼城更慘，在英國國內受到曼聯、兵工廠、利物浦、切爾西的夾擊，而亞洲這樣的新興市場也基本被英超豪門瓜分完畢，縱然他們拿到英超冠軍，「粉絲」數也相對增長緩慢，「土豪」形象一時半會改不了。

如果不是中國足球的特殊情況，恆大本不該被視作土豪。它的前身廣州太陽神在甲 A 初創期即以華麗足球征服了很多球迷。但在恆大登頂日，誰還記得他們輝煌的過去？1993 年 1 月 8 日，廣州太陽神集團與廣州體委簽約，成為中國首家股份制職業足球俱樂部，到今年「不過」20 年，共換了 6 個東家。從太陽神、吉利、香雪、日之泉、醫藥，直到恆大，每個新東家都把名字冠在「廣州」後，最終結果是，「廣州恆大」被視為新軍。

恆大重振廣州足球，與 AC 米蘭的復興頗有相似之處。AC 米蘭原本在義大利是第三，僅次於聯賽冠軍最多的尤文圖斯和有過輝煌 1960 年代的國際米蘭，這和廣州足球在中國的歷史地位相當。1980 年代，AC 米蘭因假球事件降入乙級（與廣州醫藥隊因掃黑降級暗合），1986 年貝盧斯科尼出手拯救

跟著球評看世足：骨灰粉都不一定知道的足球史
中國足球

　　AC 米蘭，巨資打造豪華軍團，以荷蘭三劍客為代表（恆大則是巴甲三劍客），終於 1989 年登頂歐洲（與恆大一樣，三年成功）。

　　貝盧斯科尼和許家印一樣，透過在球場上燒錢，實現球場外的訴求。但 AC 米蘭當年沒有受到切爾西式的敵視，因為他們名字從未改變，血統常在。廣州恆大本來完成了 AC 米蘭式的豪門復活故事，卻只能被視作曼城式的「土豪」，這就是中國俱樂部名字常換的惡果。在廣州恆大之前，大連萬達 1998 年就進過亞冠決賽，PK 戰憾負韓國浦項製鐵，這麼輝煌的歷史，有誰來繼承？他們的後來者大連實德已經從中國聯賽中消失了。中國企業冠名俱樂部，實現了效益最大化（如恆大的廣告效應），但中國俱樂部完全依附於企業，一不利於歷史和球迷的傳承，二在企業撤資後就前途難測。

　　韓國 K 聯賽以前也全是企業冠名，但現在越來越多的球隊名字去企業化，如恆大對手 FC 首爾。許老闆若真有氣魄，不妨把「廣州恆大」易名「FC 廣州（廣州足球俱樂部）」，甚至可以吸引其他廣州老闆注資，減輕恆大壓力。這樣無論這支球隊未來如何沉浮，出資方是否恆大，他們在中國和亞洲打下的球迷基礎都會留存，這才是豪門的千秋基業。

隔行如隔山

文／駱明

前幾天參加一個微博活動，盤點年度微博熱點時，鬧得沸沸揚揚的「轉基因之爭」自然被重點提起。大螢幕上打出方舟子和崔永元的支持率，方舟子的支持率只有2%，崔永元則超過97%。在專題討論中，《鳳凰週刊》執行主編黃章晉的一席話很有意思：從科學的角度，他站在方舟子一邊，但他也知道，隨著爭論的深入，崔的支持率會越來越高，如同美國讓相信進化論的科學家與相信神創論的律師辯論，每次論爭後，反而是神創論的支持率更高了。

在轉基因一事上，筆者偏於方舟子一方，但筆者不得不說，他是自己的「高級黑」。方舟子說話的方式過於咄咄逼人，哪怕有理，也會激起不少人的反感。而且被他「打」過的名人太多，自然開罪了名人的眾多粉絲，故而很多人是自動站隊，「凡是方舟子贊成的，必要反對。」如果持續關注崔永元的微博就知道，他欠缺科學素養，辯論邏輯也值得商榷，但過往給人留下的印象不錯，自然更易受大眾支持。

其實在這件事上，筆者也是外行，只能相信中國權威科學家的說法。在看了很多科學家的說法後，筆者對轉基因的恐懼基本消除，也相信中國對轉基因的控制是嚴格的。只希望科學家們加強科普，別讓方舟子和崔永元成為爭論的主角。

由轉基因之爭，想到了發端於2009年的曹操墓真假之謎。河南方面剛宣布發現曹操墓時，質疑聲鋪天蓋地，筆者也信以為真。直到看了一本雜誌的深度調查，發現考古界人士均傾向於認可曹操墓，筆者才發現「民意不一定可信」。2011年，曾聲稱掌握曹操墓十多項「造假」鐵證而暴紅網路的「閆沛東」竟然被發現是一名網上逃犯。2013年，「安陽高陵」入選第七批全國重點文物保護單位，算是國家文物局對曹操墓的正式確認。

在足球界，同樣存在外行裏挾民意的現象，這在中國1比5負於泰國之後最為明顯，各路公知都在「消費」足球。經濟學家郎咸平便在一衛視節目

跟著球評看世足：骨灰粉都不一定知道的足球史
中國足球

中指點江山，說「舉國體制、俱樂部不賺錢、足球腐敗、後備人才不足」都非中國足球不振的原因。看完這期節目，筆者很震驚竟然會有那麼多論據和邏輯錯誤，繼而在《體壇週報》上撰文「批評中國足球時，別像中國足球一樣不職業」。

好在足球畢竟不如轉基因那麼高深，爭議那麼多，而且中國球迷免費看了這麼多年最高水準國際足球，不容易被假專家誤導。恆大出征世冠盃，胸前繡上中國國旗，北京大學法學院教授賀衛方大聲疾呼「請勿綁架國家」，他在微博上說：「國家隊是國家隊，俱樂部是俱樂部。俱樂部參加洲際比賽，隊服上出現國家標誌，給人一種戲不夠曲來湊之感。我們無需這種虛榮！」但很快，網友們便貼出各國俱樂部胸前繡國旗的例子，讓賀衛方的論調顯得如此可笑。

這個爭議的另一個潛臺詞是，很多人認為，「恆大並不能代表中國足球。」在他們眼裡，中國足球等於中國國家隊。其實，任何一國足球，都分為俱樂部足球和國家隊足球兩方面。恆大代表的是前者，代表了中超（中超不是冠以中國的名字嗎？）。正如2010年國際米蘭首發陣容沒有一個義大利人，但他們拿到歐冠，也是義大利足球的光榮，那場球還讓義甲的歐冠四席多保持了一年。

賀衛方以聳人聽聞的言辭批評了「繡國旗」，被指出後拒絕認錯。我看了他此後接受採訪，繼續「坐井觀天」，「很多球迷那種骯髒的加油的語言，現在變成全國範圍內的。另外，中國球迷也是最容易倒戈的球迷。」我不知道「中國球迷最易倒戈」的說法從何而來，至少卡西亞斯看了國安球賽後驚嘆「他們竟然如此支持自己的球隊」，因為伯納烏球迷倒戈實在太勤快，稍不滿意就噓聲震天。即使是中國男足，縱然屢戰屢敗，可他們比賽時，癡心球迷還不是繼續守候？至於球迷罵髒話，這當然不值得提倡，但實在不是中國的特殊現象。而且中國球場上只有「純粹的髒話」，雖然聽著不順耳，但比國外的種族歧視或地域歧視好太多。

2013年，中國足球屢成社會熱點。從6月的1：5負泰國，到甘馬曹奇怪的解約，再到恆大稱雄亞冠，出征世冠盃，均成為微博「熱門話題」，大

V們（指微博上活躍並擁有大群粉絲的用戶）紛紛亮劍。但正是他們對足球的不懂裝懂，讓我明白，「公共知識分子」是如何的不可靠。隔行如隔山，在這個專業化時代，各領域通吃幾無可能，達文西畢竟只有一個。

中國足球

假不可怕，怕不打假

文／駱明

世界盃來臨之時，有國內大 V 再度提到「假球」，而在世界盃期間，參與下注或賭球的中國球迷不在少數，「假球說」肯定會此起彼伏。

這些年，歐亞非拉發生的「假球」新聞不勝枚舉，你也許不禁發問：足球還是乾淨的嗎？這項「美麗的運動」還值得信任嗎？這也是周圍朋友經常向我提出的問題。我的回答很簡單：沒有假球才奇怪，有這麼多假球事件很正常！

縱觀人類史，有利益的地方必有黑幕，利益越大黑幕越深。你購物，可能買到假冒偽劣產品；你吃東西，不小心就中毒了；你跟莊炒股，可能為莊家做貢獻⋯⋯，請參閱任一報紙或網站的社會新聞版。

而足球，正是一項超級大買賣。這是世界第一運動，也是第一賺錢的運動。僅僅一個英超，其年收入已經相當於集中了籃球精英的 NBA，僅僅一場巴薩對曼聯的歐冠決賽，其商業價值便被估為 3.69 億歐元，更別提世界上最大的賽事──世界盃了。而足球博彩業的經濟規模，完全不遜於足球本身，據國際足聯的數字，每年非法賭球的金額達到 900 億美元，與合法下注的金額相當！這麼多金錢來來往往，有諸多不法之徒打主意實屬必然。如果有誰覺得足球淨如白水，那他真的太過純潔了。

話說回來，因為足球界有利益糾葛、有假球存在，就心神不寧、懷疑一切比賽有詐，也是另一種走火入魔，白白喪失了觀球的樂趣。不信您翻翻前賭球時代的經典比賽，照樣有驚天逆轉、照樣有超級大勝。總之，如果您戴著有色眼鏡，一切球都可能是假的。事實上，這些年揭露的假球，大多集中在低級別低水準賽事，高水準球賽曝光的假球仍然極少，畢竟球員收入很高時，沒必要以身犯險。

還是用我們身邊的例子作類比。雖然某網站號稱假貨集中營，但至少筆者個人的購物經歷基本愉快；雖然食物有假，但畢竟只是部分，否則我們無法苟活於世上；雖然股市有假，但還是有很多優質公司值得長期追捧⋯⋯若

因足球有假就放棄對足球的喜愛，就好比因為這個世界充斥假惡醜而選擇輕生。

其實，假球不可怕，真正可怕的是為了「維護足球純潔形象」而姑息養奸。當渝沈之戰、甲B五鼠、黑哨案在世紀之交攪動足壇時，中國足協沒有痛下殺手，大事化小，小事化了。尤其是甲B五鼠案，與獲得世界盃比賽資格完全同步，足協不想壞了大喜氣氛，如此醜劇被從輕發落。事實上，借出線大好形勢，足協聲譽尚隆，正該一鼓作氣，肅清足壇才是。錯過大好時機，終致甲A中超在前些年成為賭球者的樂園，嗟乎！

行事懦弱的不只有中國足協，義大利足協絕對有一拚。最近出來的「投注門」，是「電話門」後義大利足球又一醜聞。不過，雖然「電話門」和「投注門」都是意圖操縱比賽，但區別不小。「電話門」是莫吉等俱樂部高層試圖透過影響裁判，求得更好的結果，這是權力遊戲；「投注門」則是賭徒透過下注比賽盈利，勝平負都OK，這是金錢把戲。

事實上，「投注門」已是21世紀義大利足壇的第三次賭球醜聞。有興趣的人，不如上網搜搜筆者2005年發於《體壇週報》的一篇老文「抓賭學德國別學義大利」。早在2000年8月的一場義大利盃中，包括前國腳多尼在內的8名雙方球員操縱了比賽並下注，事發後有跡象表明，其他隊球員也有瓜葛，但足協息事寧人，只給予這8人短期停賽的處罰。2004年5月11日，拿坡里反黑手黨警察搜查了12家俱樂部。次日，義足協就成立了獨立調查組，但直到8月新賽季快開始時，才把相關人員告上紀律法庭，且停賽期短、罰款也少。當時筆者在文中感嘆：「若日後有比拿坡里警察更強力的司法介入，義大利足球會不會被更大的賭球醜聞殃及？」很不幸，筆者的擔憂在6年後變成了現實。

幸運的是，中國足球在重拳掃黑後，終於進入了良性循環，雖然仍不乏爭議，但假球、黑哨這兩個昔日常用詞已極少出現。念及此，寫上述文字時心情沉重的筆者有了一絲欣慰，但願您也一樣。

中國足球

▌庫卡的「世界第九」怎麼來的？

文／駱明

自從庫卡執教山東魯能後，一直有種說法稱他是「2013年世界第九教練」，但他在魯能並沒有展現出「世界第九」的水準。那麼，他的「世界第九」是怎麼來的？

這個「世界第九」來自2013年底的「足球教練世界排名（Coach World Ranking）」，這個排名聽起來名頭很響，其實毫無參考價值。它的發布者是2010年成立於荷蘭的「足球教練數據研究所」，分俱樂部和國家隊兩榜，每週更新一次榜單，把教練上週的成績輸入。

顯然，教練贏得的勝利越多，贏得的高水準賽事越多，積分就更多。看看目前排名靠前的「俱樂部教練」，第一位安切洛蒂和第二位西蒙尼正好是會師歐冠決賽的教練；第三位瓜迪歐拉率拜仁進入歐冠四強；第四位馬蒂諾率巴薩殺入歐冠8強；第五位熱蘇斯則帶領本菲卡殺入歐聯盃決賽，且在葡萄牙拿到國內賽事三冠王，故而排名如此高。

庫卡

看看前五名就知道這個榜單的問題所在，即教練排名基本由贏下比賽的多少決定。這樣也能弄出一個榜單，未免太簡單、太機械。有趣的是，該研

究所同時也發表「俱樂部世界排名」，前五名依次是皇馬、拜仁、馬競、巴薩、本菲卡，與「教練排行榜」幾乎一樣。

一個教練的水準與功績，顯然不完全取決於他贏了多少場比賽，還要看他的球隊實力如何。西蒙尼率馬競拿到西甲冠軍，又進了歐冠決賽，比安切洛蒂的成就更不易，為什麼在歐冠決賽之前，他的排名比安切洛蒂低？原因只可能是：馬競國王盃半決賽輸給了皇馬，少打了一場國王盃決賽，於是積分不如安切洛蒂了（這也能解釋為什麼溫格和兵工廠能高居兩榜第6，因為拿了足總盃）。馬蒂諾在巴薩一敗塗地，居然高居第四，可見此榜之滑稽。

庫卡排名高於里皮，是因為他在米涅羅競技拿到了2013年南美解放者盃。對於統計者，解放者盃當然比亞冠重要。正是此盃，讓庫卡去年底排到了第9，這也是所謂「世界第9教練」的由來。更可笑的是，還有長官和媒體信以為真，諸如「我們不是請了世界第九的教練嗎」、「魯能請世界第九教練為什麼也沒用」。

除了機械累積球隊勝利，該榜單的另一誤區，是把不同洲的教練和俱樂部強行捏合在一起比較。歐冠、亞冠、解放者盃，這些賽事水準不同，教練和俱樂部都沒有直接對壘，如何比得出高下？其實，很多類似機構都犯了這樣的錯誤。例如更有影響力的IFFHS（國際足球歷史與統計協會），他們發表的「世界最佳射手王」榜單，在2014年排名第一的是C羅（10個國際賽事進球，包括2個國家隊、8個俱樂部），排名第二的是居然是香港傑志隊的西班牙人貝倫科索，只因他在亞足聯盃中進了8個球！

那麼，教練怎麼排名才好？這和最佳球員的評選一樣，不能只看你贏得多少勝利、進了多少球。射手榜可以每週更新，「最佳球員榜」卻無法每週更新，即使真以數字說話，也應該在同一賽事、同一位置進行對比。更何況教練還不如球員那樣，有豐富的射門、過人、搶斷等各數據。目前那些以數據作為參照的最佳球員榜，沒有一個獲得大眾認可，諸如金球獎、歐洲足球先生、英格蘭足球先生，都是由評審投票產生。而無論是國際足聯還是IFFHS的2013年世界最佳教練評選，庫卡壓根沒進候選名單，世界第九更無從談起。

中國足球

　　網路時代好事者眾，隨便建個網站便能發表榜單，中國媒體引用這些數據時最好留個心眼，不要被各種野雞機構矇騙。即使是與國際足聯交從甚密、半官方性質的IFFHS，《體壇週報》引用其數據時也非常慎重。諸如「世界俱樂部排名」之類的無厘頭榜單，基本不會刊登，相反，《體壇週報》會頻繁引用歐足聯官方的「歐洲聯賽排名」、「歐洲俱樂部排名」，一來有統一參照系（歐冠和歐聯盃），二來有嚴格標準。

大家滿嘴「假球」褻瀆世界盃

文／駱明

最開始做國際足球那幾年，我一直覺得義大利人是陰謀論之王。每次義大利國家隊或俱樂部不好，他們就會發明無數陰謀論，諸如「朝中無人」之類，似乎全歐洲全世界都在與他們作對。但這些年我發現，與中國人相比，義大利人只是小兒科。還是以國際足球為例子，你看看中國的論壇，討論歐足聯的「陰謀」、「乾爹」，比歐洲人還起勁得多——累不累啊？

在世界盃進行期間，陰謀論之風更盛。全民皆押注、一輸就抱怨「假球」，你會覺得好笑——難道中國人對足球的理解，在全世界排名第一？你看看外國論壇，哪有那麼多假球論？

如同筆者在前文中所說，足球作為一個高利益運動，不可能沒有假球，但也不至於全是假球。這些年，國際足球管理機構將假球視為洪水猛獸，重拳打假，查出了很多假球。但假球多發於低級別職業聯賽或友誼賽，高等級職業聯賽的假球極少，國際大賽更是鮮見。如果大賽中的假球真像一部分中國球迷說的那麼多，怎可能極少露餡？

現在想操作假球越來越難。各足聯與國際刑警組織和博彩公司合作，形成了一套完整的預警機制，對博彩圈進行監測。一旦有下注量異常，便會發出警告，如世界盃之前的熱身賽奈及利亞對蘇格蘭。國人對此機制不瞭解，一看到類似新聞，便想當然地蓋棺定論這些比賽是「假球」，並在微博、微信號和朋友圈中傳播。很多平時不看球、不懂球的假專家摻和進來，更使得假球說甚囂塵上。

足球本來就不是強隊天然贏弱隊的運動。還是小注怡情，享受足球，享受世界盃吧！別讓陰謀論占據你的大腦，侵蝕本應從足球中獲得的歡樂。

運動吧，即使它傷了你的身

文／駱明

與 2014 年 10 月 11 日的南美超級德比相比，8 天後的北京馬拉松運氣實在太差。巴西隊對阿根廷隊開賽前不久，一陣北風襲來，吹散了北京上空的霧霾，梅西和內馬爾總算能在優質空氣中一較高下（雖然兩人的腳風此戰都極其不順）。而北京馬拉松直到結束之後，重汙染空氣才有了一絲好轉的跡象——不知「人肉吸塵器」貢獻幾何？

當天霧霾成為社交媒體的最熱話題，但筆者並未怎麼參與討論，一來筆者對這個城市的霧霾習以為常，無力再「吐槽」；二來筆者本非馬拉松的愛好者。不過，當晚在朋友圈中看到的一篇文章讓筆者盛怒不已，標題是「你是那個跑了北馬的……」。筆者當即與轉發者展開討論，「假設本文作者抽菸，然後我們問他『你就是那個抽菸的……』，我想他也不會開心。」

此文作者也許出於好意，還找人計算了霧霾中跑步的具體危害（雖然那個計算未免太陽春）。但是，跑步者難道不知道害處嗎？很多人為了準備這次馬拉松費錢費力，不跑對不起自己，跑完半程或全程，也算是人生中一次特別的體驗，日後可資回味。更何況，他們此舉損害的只是自己的身體，沒有礙著他人，而吸菸還損害別人身體呢！

我們常把運動稱為「鍛鍊身體」，但如同生活中的所有事物一樣，百分百完美是不可能的。「鍛鍊」的另一層含義是「摧殘」，常年參加運動，難免留下些惡果。如同筆者本人是個足球愛好者，踢了 20 多年球，受傷無數。最不智的是，筆者時常帶傷踢球，久而久之，一些小傷積累成了老傷，一踢球就發作。

這些年，隨著年歲見長，筆者更懂得保養自己，尤其是極少帶傷踢球，故而身上傷病反而少於年輕時。當然，有些傷害是不可逆的，例如膝蓋韌帶傷勢。去年徒步登泰山，上山時累，但不覺痛苦，下山時卻受罪了，每下一級臺階都是對膝蓋的衝擊，到了半山腰，已無法一步一階，只能側身而下，兩步降一階，到達山腳時，感覺膝蓋都要斷了。

既然踢球有此「貽害」，那麼，筆者後悔嗎？如同霧霾中跑了馬拉松的人一樣，筆者沒有一絲後悔。雖然留下一些老傷，但堅持踢球，讓筆者工作多年身體狀況仍保持優異，同時還改善了心態。週末踢一場球，接下來好幾天都心情愉悅，對工作質量的提升不可估量。

更重要的是，作為一個體育報導從業者，親身參與體育運動後，更能領會體育的真諦。猶記 2012 年奧運會對劉翔摔倒的爭議，當時他為千夫所指，讓筆者無比驚詫。關於訊息披露是否足夠，這其實無法怪罪劉翔，他不是決策者。2008 年他沒有帶傷跑以及 2012 年帶傷跑到跟腱撕裂，都是相當職業的行為。尤其是後者，對於一個運動員來說是莫大的犧牲。筆者曾帶傷參賽，深知其中苦楚，2002 年膝傷初癒便代表公司出賽，熱身時就覺傷未全好，踢了十分鐘已是膝蓋劇痛。但對手頗強，隊友一句「這個位置需要你守住」，讓我多堅持了好一陣，等到被換下，脛腓骨間就像直接互磨、沒有任何緩衝，那種鑽心的痛永難忘卻。筆者可以理解，劉翔在倫敦騰空跨第一欄時跟腱撕裂的那一剎得有多痛！居然還有人說他是裝的，這真是站著說話不腰疼。

這些年隨著跑步升溫，筆者也成了一位「跑者」，只是我仍會擔心它的危害。我一般在家門口的城牆下跑，環境不錯，但畢竟是水泥地，縱然裝著專業跑鞋，難免對膝蓋和腳踝不利，故而筆者每次只敢跑 3 公里，且老傷一發作便步行一陣。平時踢球的天壇體育場有塑膠跑道，但為了跑步專門去一趟，似乎有些不值。

另一個困擾筆者的因素是「霧霾」，每當有跑意後會看一眼窗外，只有看到藍天才動身。筆者從 2012 年下半年開始跑步，但 2013 年上半年突遭「霾伏」。據官方數據，2013 年 1 月，北京霧霾天最多，僅 4 天空氣優良，而自 1 月 1 日至 4 月 10 日的這 100 天，霧霾天達 46 天！其結果是在 2013 年上半年，筆者僅僅跑了一次。踢球次數略多一些，因為踢球是集體運動，湊在一起不容易，更值得為此「吸塵」。筆者給自己定下的規矩是：空氣質量指數在 100 下可跑步（達到 100 即為輕度汙染），200 以下可踢球（達到 200 即為重度汙染）。

就在巴阿大戰的前一天，筆者看到十來位同事在重度汙染下仍踢了球。筆者完全可以理解，就像馬拉松愛好者一樣，他們不踢球會不舒服。鍛鍊帶來的特有愉悅，是其他娛樂難以替代的。運動吧，即使它偶爾傷了你的身。

收入少青訓無，老闆一垮自然完蛋

文／駱明

2015 年 1 月，中國足壇接連傳出中超重慶力帆、中甲瀋陽中澤經營困難欲求轉讓的消息，而面臨相同處境的俱樂部還為數不少。職業聯賽紅火了幾年的中國足球，是否又到了一個危機的關口？

其實，這是足球界的正常現象。既然每天世界上都有很多家企業倒閉破產，那麼「以燒錢為己任」的職業俱樂部，出現部分掉隊者也無須大驚小怪。更何況當下中國經濟並不景氣，很多職業俱樂部的後臺公司難免出現困難。職業足球就是這麼殘酷，東家沒錢就請便，先看有沒有買家接盤，如果找不到接盤的，只好關門大吉，職業聯賽資格讓給低級別球隊。假設重慶力帆找不到買家而退出後，中國足協甚至找不到合規的替代者，那才是真正的悲哀，但這一幕顯然不會發生。

哪怕是職業足球發達的歐洲頂尖聯賽，也不乏中小球隊揭不開鍋的例子。西甲堪稱典型，赫塔費迫不及待地把主帥孔特拉出讓給廣州富力，就是因為他們遭遇經濟危機，球員又賣不出價，富力打他們主帥的主意，他們求之不得。傳統強隊拉科魯尼亞，已淪落為「甲乙級升降機」，總負債超過 2 億歐元，進入破產保護程序已近 2 年。兩個月前本報還報導過另一名隊薩拉曼卡破產後，當地球迷另起爐灶，重新建立一家俱樂部的故事。至於升班馬埃瓦爾向全球籌資、吸引不少中國股東，都算不得負面案例，畢竟他們經營健康無負債，籌集的只是參加聯賽的保證金。

成熟的歐洲俱樂部都慘案頻發，更何況脆弱得多的中國俱樂部。歐洲俱樂部的收入主要分三項：比賽日收入、電視轉播費、商業收入（如贊助等）。但即使有這些豐厚收入，很多牌子響亮的豪門都難以維繫。例如為很多中國球迷熱愛的米蘭雙雄，雖一再減薪，每年仍有巨額虧空，貝盧斯科尼早已意興闌珊，莫拉蒂則索性把國際米蘭拋售給了印尼人托希爾。

在中國俱樂部遭遇經營難關時，有人怪罪恆大等隊攪亂市場，建議不妨借用歐足聯的財政公平政策，擠出中國足球市場上的泡沫，這只能是笑談。

跟著球評看世足：骨灰粉都不一定知道的足球史
中國足球

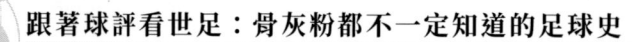

「財政公平政策」的核心是，俱樂部量入為出，掙多少錢就花多少錢。以這個標準，中國俱樂部基本上都無法再做下去。因為中國俱樂部收入太過寒酸，電視轉播費可忽略不計，商業收入純靠贊助，門票收入也普遍有限，只能全靠後臺老闆供養，「奶爸」經濟狀況稍有不妙，便完全支撐不下去，畢竟魯能這樣財大氣粗、旱澇保收的東家並不多。

中國俱樂部不光在商業上缺乏造血功能，人才上同樣缺乏。力帆等的目標本來就不是中超冠軍，降級也沒什麼丟人的。哪怕遭遇經濟危機，大不了開源節流，把高薪球員轉賣或解約，用青年隊取代，這兩年的浙江綠城都是榜樣，綠城建立了完備的青訓系統，在財政吃緊時終於受益。但這樣的俱樂部並不多，重慶力帆和瀋陽中澤沒有青訓梯隊，手頭缺錢時自然是兩眼一抹黑。

職業足球是燒錢的遊戲，但也不完全以燒錢論英雄。英超是世界最富裕聯賽，從各國收攬大批精英，但在歐足聯排行榜上連第二座次都隨時可能被德甲奪走。西班牙和義大利的經濟危機都很嚴重，結果義甲水準直線下降，西甲卻穩居歐足聯第一聯賽。德國和西班牙出色的青訓發揮了關鍵作用。上海東亞便是中國的標兵，他們沒有巨額投入，但徐根寶培養的一批青年才俊，在中超站穩了腳跟。

恆大們縱然「攪亂了市場」，但也給青訓出色的俱樂部帶來了機會。如今中超，稍好的球員就可以賣個幾千萬人民幣，這已能極大減輕俱樂部的運營壓力。

假設沒有恆大及其他欲借勢中國足球的公司，中國足球會怎麼樣？不妨想想恆大進入前，中國足球半死不活的慘狀吧！還可參照一下同為「後專業化」時代的東歐聯賽。國際職業球員協會日前警示，球員們最好別去塞爾維亞聯賽踢球，那裡 16 家俱樂部，有 8 家俱樂部的帳戶被銀行凍結，無法給球員和職員發工資。感謝政府的重視，感謝中國的國力，中國足球活得還不那麼糟。

萬一佩蘭失敗了呢？

文／駱明

2015 年 1 月的電視機或電腦前，有太多傷心得太久的球迷，為國足在亞洲盃的一路挺進熱淚盈眶。最大功臣無疑是佩蘭，他的成功不過再次證明了一個好教練對於球隊的作用。

中國球迷經常指責中國足協「不按足球規律辦事」，但很多球迷自己也會說出明顯有違足球常識的謬論，最經典的一條就是：「中國球員水準就那樣，哪個教練來都沒用。」

當然，先得看是什麼「用」。如果要求中國隊拿到世界盃，那麼即使穆里尼奧和瓜迪歐拉盡棄前嫌、精誠合作執教中國隊 50 年也沒用。哪怕是世界盃出線也不容易，至少筆者個人的心願，只不過希望中國打進十強賽（2018 世界盃已改為 12 強賽）而已——這個底線目標已經連續三屆沒實現了。

這三屆世界盃，中國隊都折得有些蹊蹺。2006 年預選賽，在與科威特比淨勝球時，足協敗在了遠洋聯絡不力、掌握規則不清的細節中。2010 年世界盃，中國隊竟推出雙教練，最後一戰 1 比 0 客勝澳洲二隊後，休息室裡響起力挺福拉多、反對杜伊的喊聲，堪稱中國足球最離奇場景之一。2014 年世界盃則是一次爭議極大的換帥，甘馬曹的合約官司，足協至今未收場。

佩蘭

跟著球評看世足：骨灰粉都不一定知道的足球史
中國足球

　　十強賽對中國隊並非高不可攀。國際足聯排名是一個極好的參照標準，中國的該排名一直穩定在亞洲前十上下（如去年底為第96，亞洲第9）。來個好教練，發揮正常進十強賽即有戲，但若教練不得法，不進十強賽也不足為奇。假設中國仍由傅博式的土帥掌軍，估計凶多吉少。傅博執教的比賽有個特點，沒有壓力的比賽常能踢出「巴薩流」，一到重要比賽，開場往往踢得不錯，但越往後越糟糕，可見其臨場應變不足。而佩蘭這次亞洲盃霸氣盡顯，面對強敵，仍敢在終場前連續換上進攻型球員，為土帥所罕見。

　　佩蘭剛上任時，國內也有不少人質疑佩蘭的水準，稱他「不是名帥」。筆者當時與他們進行了激烈論戰，以中國隊的亞洲老九地位，非得需要一個世界名帥嗎？佩蘭好歹也拿過法甲冠軍，這還配不上中國隊嗎？

　　2013年6月，筆者曾應邀前往中國足協，為中國隊選帥出謀劃策，事後筆者還在《體壇週報》上撰文「中國該請什麼洋帥」。筆者當時的看法是，中國足協設那麼多標準，簡直就是把好教練全篩掉的節奏。其實一個標準就夠：「好教練」。更具體一些，則是「近年來在歐洲高水準聯賽中取得過成功的教練」。中國各級國家隊，洋帥請得多了，此前有哪個教練符合這一標準？拿到過一個法甲冠軍和兩個法國盃的佩蘭，算是破天荒第一人。

　　當然，光有高水準還不夠，還得有與中國足協合作的精神。甘馬曹來中國前，在西甲已有多年未獲成功，但執教過西班牙和皇馬的他，無論如何算得上高水準。只是他的上任是萬達「強扭的瓜」，加之其天性高傲，與衙門氣十足的中國足協難以成功磨合，最終悲劇收場。

　　2014年法國超級盃在北京舉行之前，筆者有幸到訪法國使館，遇到了佩蘭並有簡短交流。他一針見血地指出了中國隊的兩大問題，一是中超鋒線席位全為外援占據，這讓中國隊缺乏好前鋒，二是中國隊員的心理素質影響了他們正常發揮。但他並沒有絲毫抱怨或洩氣的情緒，而表現出腳踏實地的態度，這恰是甘馬曹所不及。

　　因佩蘭的成功而把他捧到天上是不智的。他是適合中國隊的教練不假，但在嚴酷的足球中，失敗的教練總占大多數。中國隊是亞洲盃行家，在亞洲

盃上的成功，並不等於世界盃預選賽的得意，此前洋帥施拉普納和阿里‧哈恩都有過深刻教訓。

那麼，在接下來的 2018 俄羅斯世界盃預選賽上，該如何為佩蘭設立成功的標準？筆者隨機調查了很多球迷，雖然個別人認為非世界盃出線不可，但大多數人的要求僅僅是「進入 12 強賽」。這說明，多年的失敗已經調低了中國球迷的胃口，這對佩蘭不無益處。筆者的期望值是，中國隊進入 12 強賽且小組不墊底即是合格，能進入附加賽已是絕大成功，出線則是意外之喜。

不過，球迷在勝利時刻總是寬容的，日後真的遭遇挫折，哪怕是進了 12 強賽後的輸球，一定會讓佩蘭逃不了漫天批評。其實，足球場上從沒有常勝將軍，不能因為一個教練一時的失敗，就否認他曾經的成功。可中國足協和中國球迷在球隊失敗之時是不會想起這一點的。於是，國足這 30 年從沒有戴罪立功的主帥，對於一個經常遭遇失敗的國家隊來說，這太不正常了。但願佩蘭能逃過這一劫。

勿汙名化中超裁判

文/駱明

　　某個中超比賽日的夜裡，筆者打開微博，嚇了一跳，一路看下來，全是對中超裁判的「吐槽」。中超裁判向來是「弱勢群體」，普遍的看法是，反賭掃黑後，裁判不敢拿黑錢，中超乾淨了很多，但不少裁判屬於火線提拔，所以太嫩。不過反賭掃黑都有 6 年了，這「裁判的鍛鍊」何時是個頭？

　　看看博友們「吐槽」裁判的論據，諸如兩個越位好球被吹、一個犯規動作該出紅牌只給了黃牌，總之每條論據都指向一個結論：中超裁判太差。筆者心裡有些納悶，這些「判罰失誤」在足球場不是柴米油鹽家常便飯嗎？於是順手發了條微博，為中超裁判鳴冤，很多人讚，也有不少人彈，他們歷數了中超裁判的罪狀：放縱暴力、在判罰失誤後找平衡、吹主場哨、吹偏哨⋯⋯。

　　我相信球迷看到的都是事實，但這在足球場上實是司空見慣，非中超獨有。國際足聯經常召集裁判，號召他們嚴懲暴力，這說明統一的尺度很重要。今年中超傷病確實多了點，若真是對球員保護不力，足協完全可以收緊裁判尺度。所謂「找平衡」也從不鮮見，一方初吃紅牌後，解說員往往會提示：裁判會不會對另一方下狠手？主場哨和偏哨更是球場標配，有人說「中超裁判偏國安」。筆者對這個沒研究，但看看歐洲賽場，這些年不也有過英超裁判偏曼聯、義甲裁判偏尤文、巴塞隆那有「乾爹」等說法？

　　事實上，每週的歐洲聯賽，裁判錯誤都比比皆是，就看你想不想黑、怎麼黑了。且看筆者寫稿前的那個週末，切爾西對曼聯的焦點戰，德赫亞禁區外手球被放過；曼城對西漢姆聯，大衛・席爾瓦被庫亞泰肘擊面部倒地昏迷，裁判只給了一張黃牌；米蘭德比裁判爭議不斷，至少安東內利的禁區內手球鐵定該判罰球。

　　上述這些只是小浪花。英格蘭屢次發生裁判臉盲給錯紅牌的鬧劇，門線冤案也曾不斷發生，無奈最先用上了「門線科技」。德國人向來以嚴謹著稱，但 2013 年 10 月 18 日德甲出現奇事，勒沃庫森前鋒基斯林頭球頂偏，球出界後從邊網進門，裁判卻判進球有效──如果這事發生在中超，足夠中超裁

判被集體黑上五年！其他頂級聯賽也一樣，《體壇週報》駐西班牙記者武一帆笑言：埃爾南德斯‧埃爾南德斯和特謝拉 II 的誤判每輪都能做集錦。

當然，筆者不會天真到認為「中超裁判水準不亞於歐洲聯賽」，因為兩者節奏相差懸殊。英超裁判職業化程度最高，卻留下諸多笑柄，不是他們水準低，而是因為英超攻防轉換速度太快。同樣，西甲裁判也要面對各種「影視學院的結業生」，他們欺騙裁判的技巧遠高於中超球員。即使給筆者一個數據，說中超的誤判率與歐洲聯賽相當，筆者也相信，若中超裁判執法歐洲聯賽，初登賽場時一定錯漏百出。

世界盃是個明顯例子。被國際足聯選中的裁判，在各大洲都是精英人物，但到了世界盃上，卻水準參差不齊，一到最後的關鍵戰役，多交給歐洲和南美的頂級裁判執法。當然，歐美裁判也不完美。去年世界盃從一開始就被誤判困擾：開幕賽巴西 3 比 1 勝克羅埃西亞，巴西第二球，弗雷德戲劇性摔倒製造罰球機會，第三球，拉米雷斯斯犯規在先，日本裁判西村雄一被罵慘了。第二天首戰輪到哥倫比亞裁判，墨西哥前鋒多斯桑托斯的頭球破門被無端吹掉，好在墨西哥還是 1：0 戰勝喀麥隆。次戰荷蘭 5：1 勝西班牙，西班牙領先之球，迪亞哥‧科斯塔造點可疑，而荷蘭第三球，迪維積頭球破門前，范佩西衝撞卡西亞斯在先。吹這場比賽的可是義大利名哨里佐利。

裁判如同球員，出錯不可避免。可媒體和球迷對球員和裁判有雙重標準：前鋒十腳射門只中一腳，會被讚為功臣，而裁判 20 次判罰只錯一次，卻可能被推上火山口。當然，既然球員常被罵，裁判被罵也屬正常，只是每次中超出現誤判，都上綱上線到「中超裁判水準太差」，這有點過了。惡果很明顯：一是裁判壓力過大，更易犯錯，二是導致球員和教練更不尊重裁判。

無怪乎中國裁判會抱怨，在國外吹比賽比在國內更好吹。罵聲太大，中國足協只得在一些比賽中聘請外籍裁判，國內裁判失去了寶貴的鍛鍊機會，外籍裁判照樣出錯頻頻，足協反而無法處罰他們。

說得「高大上」一點，是否尊重裁判，是民族性的展現。剛才說到英超德甲的離奇誤判，可英德球員哪怕受了天大的委屈，都會無條件服從，讓比

賽順利進行。愛爭論的義大利人則誇張一點，每輪聯賽後都可以為裁判吵上一週，雖然義大利向來出好裁判，如光頭裁判科利納。

撰稿人

　　王恕，筆名楊子江，2000年起成為體壇傳媒的駐德記者。14年來與德國足協、德國各級俱樂部建立了相互信賴的友好關係。為國內讀者帶來了大量詳實的關於德甲、德乙、歐洲盃、世界盃以及冠軍聯賽的第一手資料，並完成了對希斯菲爾德、卡恩、巴拉克、格策等球員、教練的專訪，是國內極少數常駐德國的足球專家之一。

　　程征，畢業於北京外國語學院（今北京外國語大學），曾在《中國體育報》任職，現為《體壇週報》記者。1986年曾採訪墨西哥世界盃足球賽，是中國最早採訪世界盃的專業體育記者之一。1990年代在南美洲一家華文報紙任職，足跡遍布大半個拉丁美洲，對拉美體育、文化、歷史、政治及人文狀況有充分的瞭解和獨到的見解，並撰寫了大量文章。

　　夜雕，長期關注荷蘭足球，對荷蘭足球歷史有著較深的研究。曾多年活躍於「橙色風暴荷蘭隊」論壇，現為《體壇週報》和《足球週刊》特約記者，主要撰寫荷蘭國家隊新聞和比賽評論，曾參與報導了2012年歐洲盃和2014年世界盃。他的比賽評論客觀中肯，語言詼諧幽默。

　　小中，本名李海龍，北京平谷人。中國人民大學國際政治系畢業，後在澳門大學學習葡語。曾供職於新華社，現為《體壇週報》記者，巴西足球專家。好足球，年過不惑常踢不輟。著有《R9記憶：羅納度畫傳》和《卡卡：足球是宗教 卡卡是信仰》。

　　劉川，《體壇週報》駐英國記者。畢業於倫敦大學金史密斯學院，獲媒體及傳播學碩士學位。從2007～2008賽季開始，正式以媒體記者身分在一線現場報導歐洲冠軍盃、英格蘭足球超級聯賽及英格蘭國家隊的賽事。2012～2013賽季起兼任英格蘭足球超級聯賽兵工廠足球俱樂部媒體顧問。

　　梁宏業，《體壇週報》記者，2003年進入《體壇週報》擔任國際足球編輯，主要負責西甲聯賽、西班牙隊的新聞評論編輯工作。2008年奧運會後前往西班牙巴塞隆那擔任前方記者，主要從事巴塞隆那隊和西班牙隊的報導。

跟著球評看世足：骨灰粉都不一定知道的足球史
中國足球

工作便利之故，採訪過小羅、梅西、貝利亞、普約爾、伊涅斯塔、巴爾德斯、皮克等巴薩球員，並參加過 2008 年奧運會和 2012 年歐洲盃的前方報導。

彭雷，80 後，畢業於北京外國語大學義大利語專業，為人夫，為人父。他是 AC 米蘭和義大利隊粉絲，選擇義大利語專業就是因為鍾愛義大利足球，盛衰不移。2002 年世界盃，義大利隊被韓國隊淘汰後，立即購入馬爾蒂尼三號國家隊戰袍以示支持，殊不知馬隊竟然退出國家隊，三號藍色成為絕唱。也就是從這屆世界盃開始，他進入《體壇週報》進行足球報導工作，興趣與工作實現完美結合，乃人生一大幸事。

趙威，《體壇週報》駐法國記者，從 2001 年起一直常駐法國隊報集團。多次採訪過國際奧委會，國際足聯和歐足聯等賽事組織，常年跟蹤法國隊和法甲聯賽的報導。協調和主持過《從雅典到北京》、《歐洲盃 50 年》、《金球獎 50 年》和《羅格自傳》等眾多外版圖書在中國的出版。

駱明，體壇傳媒——《體壇週報》副總編輯、著名國際足球專家、FIFA 金球獎中國唯一媒體評審。

克韓，《體壇週報》記者、國際足球專家、國內資深的足球評論員。

楊建，國際足球撰稿人。

撰稿人

國家圖書館出版品預行編目（CIP）資料

跟著球評看世足：骨灰粉都不一定知道的足球史 / 駱明 著.
-- 第一版. -- 臺北市：崧燁文化，2019.03
　面；　公分 . -- (常讀. 趣味集)

ISBN 978-957-681-745-8(平裝)

1.足球 2.文集

528.95107　　　　　　　　　　　　　　　　107023260

書　　　名：跟著球評看世足：骨灰粉都不一定知道的足球史
作　　　者：駱明 著
發 行 人：黃振庭
出 版 者：崧博出版事業有限公司
發 行 者：崧燁文化事業有限公司
E - m a i l：sonbookservice@gmail.com
粉 絲 頁：　　　　　　　網　址：
地　　　址：台北市中正區重慶南路一段六十一號八樓 815 室
8F.-815, No.61, Sec. 1, Chongqing S. Rd., Zhongzheng
Dist., Taipei City 100, Taiwan (R.O.C.)
電　　　話：(02)2370-3310　傳　真：(02) 2370-3210
總 經 銷：紅螞蟻圖書有限公司
地　　　址：台北市內湖區舊宗路二段 121 巷 19 號
電　　　話:02-2795-3656　傳真:02-2795-4100　　網址：
印　　　刷：京峯彩色印刷有限公司（京峰數位）
　　本書版權為西南財經大學出版社所有授權崧博出版事業股份有限公司獨家發行
電子書及繁體書繁體字版。若有其他相關權利及授權需求請與本公司聯繫。
定　　　價：299 元
發行日期：2019 年 03 月第一版
◎ 本書以 POD 印製發行